ANÁLISIS FINANCIERO CORPORATIVO

Una guía completa para principiantes para analizar el riesgo financiero corporativo, los estados de cuenta, las declaracione, relaciones de datos y los informes

Blaine Robertson

Tabla de Contenidos

Introducción

En un mundo gobernado por números, declaraciones y registros, es fundamental para nosotros saber cómo hacer una evaluación adecuada y un escrutinio consistente de esas historias. Es por eso que se requiere un conocimiento fundamental de esos registros y cómo se pueden evaluar. En el mundo de los negocios, una lata de un solo dígito añadida o eliminada en una posición estratégica puede destruir la empresa o puede colocarla en una posición estrecha. En un intento por explicar todos estos registros, historia y análisis, se utilizarían algunas terminologías y expresiones financieras. Sin embargo, nos hemos asegurado de simplificar cada término y hacer que la descripción sea lo más simple posible.

El análisis financiero se hace fácil y sencillo para su uso. Nos sumergiríamos en el mundo del análisis de negocios, sabiendo muy bien que el océano no sería tan profundo. Esta guía definitiva está pensada para principiantes y aquellos que tienen poco o ningún conocimiento sobre el análisis de negocios. Después de digerir el contenido aquí, usted sería capaz de tomar decisiones financieras inteligentes, participar en el discurso financiero profesional, e incluso ofrecer recomendaciones. Usted entendería cuándo hacer inversiones y cuándo no. No sólo vertiría el conocimiento de activos, pasivos, capital, ratios o balance en su cabeza y le dejaría preguntándose con esos hechos arremolinados en su cabeza. Usted sería capaz de conectar los puntos y entender el sistema. El negocio es básicamente un sistema cohesivo de flujos de efectivo que están controlados por varias decisiones de herramientas analíticas, así como otros conceptos financieros/económicos.

Una cosa que te pediría. Es algo que suelo decirle a la gente. *Ten la mente abierta.* Algunos conceptos aquí pueden no ir como usted piensa o espera que sean porque soy consciente de que usted tiene algún conocimiento previo sobre los negocios. Sin embargo, cuando abra sin ánimo, crearía ese acceso para mejorar la información.

Capítulo 1

¿Qué es El Análisis Financiero?

En 1987, IBM se convirtió en la empresa más valiosa y se estimó en 105.800 millones de dólares. Cinco años más tarde, se estima que la compañía tiene un valor de 28.800 millones de dólares. No, eso no es posible, ¿verdad? ¿Cómo sucedió esto? La disminución del valor se cinó en un error estratégico que fue cometido por IBM a principios de 1980. Sabemos que antes de 1981, IBM era el principal actor en el mundo de la informática porque eran los principales proveedores de computadoras para el gobierno, las universidades y las empresas. Durante este tiempo, las computadoras no eran accesibles porque eran muy caras. La gente no podía pagar computadoras. Para resolver esto, 1981, IBM introdujo un ordenador personal (IBM PC). Y esta versión fue rápida para establecer ese estándar para otros PC. A pesar de esto, IBM decidió dejar el desarrollo de software de PCs a otras empresas de cómcomputa/cooperación en lugar de ella para desarrollar ese sistema operativo de disco único (DOS) para su computadora, IBM decidió permitir que otra pequeña empresa ubicada en Seattle hiciera el Desarrollo. Esa compañía es MICROSOFT.

Fundada por Bill Gates y Paul Allen en 1975, Gates imaginó que habría una computadora de tiempo encontraría su camino en la vida cotidiana. Esta predicción era contraria a la de IBM. Mientras que IBM disfrutó de sus años de abundancia desde mediados de la década de 1980 hasta el final, Microsoft fue capazde desempeñar ese papel importante en el mercado del software a lo largo de esetiempo, mindoa los jugadores clave en el mercado del software. Desarrollaron varios sistemas operativos, Internet, redes, hojasde cálculo, un procesador detextos nd even, making su stand en el mundo del software sólido.

Con tanto, hemos dicho acerca de Microsoft y su éxito, todavía estamos obligados a preguntarnos; *¿Qué tan exitosa fue esta compañía en ese momento?* Sólo obtendrá una respuesta a esa pregunta si su definición de éxito es muy diferente de la del mundo de los negocios. Si está buscando éxito en términos de número de empleados, Microsoft acaba de tener 32 empleados en 1981 cuando IBM decidió hacer uso del DOS de Microsoft, pero creció a 50.500 empleados el 30 de junio de 2002, ese año fiscal. Si quieres considerarel impactosocial, Microsoft dona millones de dólares cada año a causas benéficas como Olimpiadas Especiales, Boys and Girls Club, etc. Además, Microsoft ha sido capaz de apoyar a las escuelas secundarias de todo el país en los esfuerzos por sincronizar la tecnología en ese plan de estudios existente. Además, la compañía ha sido capaz de establecer programas de becas para despertar ese estilo para la informática y otros campos técnicos relacionados. Además de eso, Bill Gates y su esposa Melinda fundaron una fundación que se dedica únicamente a la salud primaria y la educación. Lo que significa que han sido capaces de aportar varios miles de millones de dólares a diferentes fundaciones en el país, fuera del país y en otros continentes como Africa. Algunos de los competidores de Microsoft afirman que Microsoft está involucrado en varias prácticas monopólicas sólo para retener la competencia. Ahora, usted puede estar preguntándose, ¿qué tiene esto que ver con el análisis financiero o el estado financiero? ¿Cómo explica la historia de Microsoft el análisis de estados financieros?

En primer lugar, en términos del precio de lasacciones, las acciones de Microsoft por acción, que se ajustaron para las divisiones de acciones, pasaron de 0,10 dólares en 1986 a 26 dólares en 2003. Sin embargo, el precio de las acciones de Microsoft fue baja dowhich de ese historial de alta ocurrencia, que fue de más de $58 por acción en 1999. Además, un análisis de los estados financieros de Microsoft muestra que hay algunas razones para esta disminucióndel precio de lasacciones.

El negocio tiene que ver con las actividades financieras. Para que tengamos acceso al estado financiero de cualquier empresa, es necesario que preparemos ciertos estados de cuenta que se conocen como estados financieros. ¿Por qué tenemos que preparar estas declaraciones? Primero, lo necesitamos para la toma de decisiones. De hecho, los estados financieros están preparados para la toma de decisiones. Sin embargo, la información proporcionada en los estados financieros puede no ser útil cuando necesite sacar una conclusión significativa. Vea los estados financieros como guía. Y es por eso que necesitamos un análisis e interpretación adecuados de este estado financiero.

El análisis financiero aquí consiste en determinar que existe una relación significativa entre diferentes tiempos de dos estados financieros entre sí de tal manera que la deducción se extrae de ambos. Básicamente, los estados financieros se dividen en dos:

- Cuenta de pérdidas y ganancias o cuenta de resultados

- Balance o declaración de posición.

Estas declaraciones se organizan al final de un período determinado. De hecho, son punteros de rentabilidad, así como de estabilidad financiera y solidez del negocio. Es fundamental aquí que afirmamos que el análisis financiero comprende el análisis y la interpretación de los estados financieros. Además, los estados financieros muestran que el vínculo o la conexión entre los dos estados financieros; cuenta de resultados y estado de posición. El análisis mide la fuerza, así como las debilidades de la empresa o empresa. Cuando realiza análisis financieros, también intenta la eficiencia y el rendimiento de la empresa. Por lo tanto, el análisis y la interpretación de las declaraciones no pueden ser exagerados. Además, es necesario un análisis financiero para que podamos medir la rentabilidad, la solidez financiera, así como las perspectivas de las unidades de negocio individuales. Dichoesto, es necesario que comprendamos los propósitos del análisis financiero.

En primer lugar, es necesario medir los beneficios. Todos sabemos que el objetivo principal de cualquier negocio / empresa es obtener beneficios para obtener rendimientos del dinero invertido. Por lo tanto, el análisis financiero nos ayudaría a comprobar si realmente estamos haciendo esto. Sería necesario para nosotros saber si realmente estamos ganando algo de dinero o no para que sabríamos si el negocio vale la pena nuestro tiempo y dinero. Además, la capacidad financiera ayuda a conocer la capacidad de pago de intereses y dividendos.

A continuación, los estados financieros señalan la tendencia de los logros y fracasos de una empresa. Lo que la mayoría de la gente hace es que comparan el estado financiero de los años anteriores con el del año en curso. La tendencia de compras, ventas, gastos, ganancias brutas y ganancias netas también se puede monitorear a través del análisis financiero. Además, también puede comparar el valor de los activos y pasivos de la empresa. Esto le ayudaría a predecir el prospecto de negocio.

También se necesitan estados financieros para evaluar el potencial del negocio. La tendencia que hemos mencionado anteriormente y otros negocios proporcionaría suficiente información que mostraría el potencial de crecimiento de la empresa.

Además, otro propósito del análisis de los estados financieros es ayudar al gerente a hacer ese estudio comparativo de cómo las empresas que ofrecen servicios similares hacen frente. Estos análisis o comparaciones ayudarían a la dirección a conocer su posición con respecto a las ventas, los gastos, la rentabilidad y la utilización del capital.

No podemos hablar del análisis de los estados financieros y los estados financieros sin mencionar que ayudan a acceder a la solidez financiera general de la empresa. Además, el análisis financiero también nos ayudaría a tomar varias decisiones. Tal vez necesitemos agregar más fondos para comprar nuevas máquinas, así como equipos. También se requiere análisis de estados financieros para acceder a la cantidad que se ha obtenido o recibido de fuentes externas.

Por último, es necesario un análisis financiero para poder acceder a la solvencia de la empresa. Las herramientas que se utilizan para realizar este análisis indicarían si la empresa tiene fondos suficientes para cumplir con los objetivos de pasivos a corto y largo plazo o no.

Hemos podido hablar sobre el propósito del análisis financiero; sin embargo; es fundamental que mencionemos a las partes interesadas en este documento. Los estados financieros se han vuelto muy importantes debido al interés generalizado de las diferentes partes en el resultado financiero de la unidad de negocio. Las partes interesadas en el análisis de estados financieros son:

- Gestión: la gestión de cualquier organización empresarial está muy interesada en la situación financiera, así como en el desempeño de la empresa como un único instituto y sus diferentes divisiones también. Además, el análisis financiero también ayudaría a la empresa en la preparación presupuestaria y la evaluación individual de varios jefes de departamento o seccionales.

- Inversores: Cualquier persona que esté interesada en el bienestar de una empresa querría saber sobre el análisis de los estados financieros. Y los inversionistas, accionistas o propietarios quieren saber si recibirían mucha ganancia del negocio. También quieren entender la capacidad de ganancia del negocio y sus perspectivas de crecimiento en el futuro.

- Prestamistas: Individuos o establecimientos que prestan dinero a empresas como obligaciones titulares o proveedores de préstamos y arrendamientos también querrían saber si su dinero puede ser reembolsado. Y no hay otra manera de entender el estado de la empresa sin involucrar estados financieros y análisis. También están involucrados en la posición de solvencia de la empresa.

- Proveedores y acreedores comerciales: estas personas se preocupan más por el riesgo de solvencia del negocio, que es la capacidad que la empresa debe pagar sus deudas cuando vence. Porque nadie quiere correr con pérdidas. Proveedores, acreedores comerciales y prestamistas comparten intereses similares.

- Sindicatos: Estas personas están interesadas en los estados financieros para que puedan negociar salarios y salarios, así como un acuerdo de bonificación con la dirección.

- Autoridades fiscales: Se necesitan estados financieros para determinar la responsabilidad fiscal a las autoridades fiscales que necesitan esta información.

- Empleados: Sí, los empleados necesitan conocer el crecimiento y los beneficios de una empresa de negocios. Esto determinaría si exigirían una mejor remuneración, así como un entorno de trabajo afable.

- Investigadores: Aquellos involucrados en la realización de trabajos de investigación en asuntos de negocios y varias otras prácticas podrían querer ver cómo la empresa está haciendo a través del estado financiero.

- Bolsa: Los miembros de la bolsa de valores siempre están interesados en los estados financieros por motivos de análisis. Por lo tanto, proporcionan datos financieros útiles, estadísticas y cifras sobre las empresas.

Se dará cuenta de que sólo hemos hablado de análisis financiero de forma pasiva. Centrémonos en el significado y la definición del análisis financiero. Se espera que los estados financieros sean comprensibles, pertinentes, comparables y confiables. Las partidas que están directamente relacionadas con la situación financiera de una institución incluyen; activos reportados, pasivos, patrimonio, ingresos y otros gastos. Se puede decir que el análisis de todo esto está bajo el paraguas del *análisis financiero*. Además, se espera que el análisis financiero sea comprensible para los lectores o individuos que al menos tengan un conocimiento razonable de la *economía, los negocios y* la contabilidad, y aquellos que realmente quieren estudiar la información proporcionada meticulosamente.

John Myer dio su definición como el análisis que es en gran medida un estudio de las relaciones entre diferentes factores financieros en una empresa como lo revela ese único conjunto de información o declaración y el estudio de la tendencia de estos factores como lo revelan estas series de la declaración. Lev también dio su definición de análisis de estados financieros como un sistema de procesamiento de información estructurado para dar datos para la plantilla de toma de decisiones o patrones como cartera, modelo de selección, modelos de préstamos bancarios e incluso patrón financiero corporativo.

Kennedy y Muller dieron la suya como *el análisis y la traducción de los estados financieros, que muestra todos los aspectos relativos al bienestar de las finanzas, la solidez financiera, la eficacia operativa y el valor crediticio de los interesados.*

Es fundamental para nosotros mencionar aquí que el análisis de los estados financieros debe abarcar los métodos o procedimientos utilizados para evaluar e interpretar el resultado de los resultados pasados y el nivel financiero actual, ya que afectan a los factores de interés en la inversión y Decisiones. Es un medio crucial para evaluar el rendimiento anterior, la previsión y la realización de planes de rendimiento futuros.

Este capítulo será incompleto si no hablamos de la naturaleza del análisis financiero. Todos sabemos que sin estados financieros, no podemos dar análisis financieros. Por lo tanto, es necesario que creamos esos hechos básicos y registrados. Los hechos registrados son aquellos hechos que siempre se expresan en términos monetarios. Además, los registros contables, así como los estados financieros, provienen de hechos históricos. Dicho esto, debemos ser conscientes de que los estados financieros se preparan periódicamente, tomado sin tener en cuenta lo siguiente:

1. Los estados financieros comprenden datos que son sus resultados.

2. Estos hechos registrados tienen todo que ver con las transacciones comerciales. Incluyendo actividades del día a día.

3. Debe haber un convenio adaptado para facilitar la técnica en uso.

4. El análisis debe aplicarse y ser necesario para la corrección y las postulaciones.

5. El análisis no debe tomarse como suposiciones sobre el juicio personal.

Será un trabajo descuidado de mi parte si no hablo de la necesidad de un análisis de los estados financieros. Consideremos algunas preguntas relacionadas con la información del estado financiero de Microsoft en 2002.

- En 2002, el resultado neto fue de 7.890 millones de dólares. Eso es mucho, ¿verdad? Pero, ¿representa esa cantidad para una empresa de ese tamaño como Microsoft?

- El activo total de Microsoft al final de ese año fue de 67.646 millones de dólares. Mirando el volumen de trabajo en el que Microsoft está involucrado, ¿es esta cantidad poco, demasiado o, justo?

- Una vez más, al final de ese año, los pasivos de Microsoft sumaron un total de 15.466 millones de dólares. ¿Este nivel de deuda es demasiado?

Lo que todo esto nos está diciendo es que tener el estado financiero y los números no es suficiente para dar respuestas a las preguntas anteriores. Si no logramos realizar más análisis, los números sin procesar no nos dirían mucho. Todos sabemos que una de las razones por las que participamos en el análisis financiero es utilizar el desempeño pasado para juzgar el futuro con ese ojo de conocer las áreas problemáticas. En resumen, el análisis financiero es tanto el diagnóstico como el pronóstico. Diagnóstico en el sentido de que identificas el problema, el pronóstico es la sensación de que usted predice cómo funcionaría una empresa en el futuro.

Existe esa relación o vínculo entre los importes del estado financiero. Esto se conoce como *ratios financieros,* que es simplemente un ingreso neto dividido por ventas. Tomemos, por ejemplo. Un coeficiente financiero podría llamarse retorno de las ventas porque le hace saber cuántos centavos de interés una empresa ha sido capaz de hacer en cada dólar de ventas. En el ejemplo anterior sobre Microsoft, larentabilidad de la heredera en ventas fue del27,6%, lo que significa que Microsoft obtiene aproximadamente 28 centavos de interés de cada dólar de producto que venden. Debido a que el negocio varía, la demanda y la oferta, hay cientos de proporciones financieras diferentes, cada uno arroja luz en diferentes ángulos de la condición física de la empresa.

Después de la preparación de la declaración, hay varios otros procesos involucrados que hacen usos de técnicas y métodos para dar análisis. Aunque el análisis de la información resumida en los estados financieros no proporciona suficiente información y respuestas a las preguntas de la dirección, identifica áreas para más investigaciones, lugares donde los datos futuros deben recopilarse. Después de que las declaraciones se preparen, organicen y analicen, se tomarían decisiones e implementarían en este análisis. ¿Por qué es así? El sistema contable recoge los resultados de la decisión tomada hasta la fecha de que ahora se prepararía un nuevo conjunto de estados financieros. Este ciclo se repite.

La mayoría de las veces, la información financiera se compara con la que se informó en el año anterior. Hagamos uso de Microsoft aquí. Anunciaron públicamente el 15 de abril de 2003, que sus ingresos trimestrales eran de 7,84 dólares. Durante el tiempo de este comunicado, la prensa se apresuró a conectar los puntos. La gente notó que el 8% aumenta en el mismo período anterior a ese año. Si está analizando el estado financiero de una empresa, calcular una lista de esos ratios financieros no puede ser suficiente. Piezas de información sólo tienen todo el sentido cuando se comparan con un punto de referencia. Todavía usando Microsoft como ejemplo, hubo un tiempo en que hicieron ventas de devolución del 27,6%, es decir, en 2002. Pero conocer esta información no es suficiente. Puede evaluar el valor de la relación correctamente si sabe que el rendimiento de ventas de Microsoft fue del 29,0% y del 41,0% en el año 2001 y 2000, respectivamente. De hecho, solo puede hacer uso de los ratios financieros de manera efectiva cuando los compara con valores y valores pasados de empresas que están en la misma industria.

Hablamos de estados financieros que ayudan a los corredores de bolsa, pero no mencionamos si puede ayudarle a ganar en el mercado de valores. Una buena calidad de un mercado eficiente es aquel en el que la información se refleja rápidamente en el número de precios. Tomemos el mercado inmobiliario como un buen ejemplo aquí. Siendo todas las cosas iguales, las noticias sobre un embargo inminente en cualquier empleador importante en una ciudad deben dar lugar a esa rápida reducción de los precios de la vivienda debido a la disminución prevista de la demanda si el sector inmobiliario de ese mercado es eficiente. Por qué las principales bolsas de valores en los Estados Unidos son mercados eficientes es porque la información sobre las empresas, las empresas y la economía, en general, se muestra casi inmediatamente sobre los precios de las acciones. Además, la implicación de la eficiencia del mercado debe incluir los precios actuales de las acciones que reflejen toda la información necesaria. Sin embargo, la progresión o la regresión futura de los precios de las acciones deben ser impredecibles.

Dicho esto, parece que los mercados de capitales en los Estados Unidos son eficientes en el sentido general, ¿verdad? Sin embargo, pruebas combinadas presentan la existencia de ese número de *anomalías* confusas existentes en forma de probabilidad en los modelos de rendimientos de las existencias. Un muy buen ejemplo aquí es que los precios seguirían a la deriva hacia arriba durante semanas o meses justo después de que se anuncie cualquier noticia de ganancias buenas o favorables. Además, los precios seguirían subiendo durante al menos un año justo después de que se haya dado a conocer al público una división de acciones.

Existen dos tipos principales de análisis financiero; análisis vertical y el análisis horizontal; sin embargo, existen varias técnicas, así como herramientas utilizadas para el análisis financiero. Estas herramientas se centran en una parte diferente del negocio, saca información, la compara con la existente se nota la relación y ayudan en la toma de decisiones, especialmente para el siguiente paso en la gestión o administración de la empresa. Tendríamos un capítulo dedicado a eso solos.

Capítulo 2

Componentes del Análisis Financiero

El análisis financiero de las empresas generalmente se lleva a cabo para dar a los inversores, acreedores y otras partes interesadas que la situación de las empresas informa antes de que tome decisiones sobre esas empresas de empresas. El análisis financiero incluye la selección, evaluación, así como la interpretación de datos financieros específicos junto con otra información relevante para ayudar en las opciones de inversión y financieras. Se puede utilizar internamente para acceder a problemas como el rendimiento de los empleados, la eficiencia operativa y las políticas de crédito y se puede utilizar externamente para evaluar posibles inversiones, así como la solvencia. El análisis financiero es llevado a cabo por un analista que extrae los datos financieros necesarios para el análisis de varias fuentes. Sin embargo, la fuente principal de estos datos es proporcionada por la propia empresa en su informe anual y otras declaraciones no divulgadas. A pesar de que el informe anual comprende la cuenta de resultados, el balance, los estados de flujo de efectivo y las notas al pie de página de estos estados de cuenta, algunas empresas mantienen parte de esta declaración lejos del informe anual por razones que más les conocen.

Hemos sido capaces de establecer que el objetivo principal de cualquier análisis financiero es evaluar el desempeño de la empresa en relación con sus objetivos y estrategias iniciales. Tenemos dos herramientas principales de análisis financiero; análisis de ratios y análisis de flujo de efectivo. El análisis de ratios accede a la forma en que la línea de partidas diferente en el estado financiero de una empresa se asocia entre sí. Mientras que el análisis de flujo de efectivo permite al analista observar la liquidez de la empresa, y cómo la empresa ha estado gestionando sus operaciones, inversiones y cómo financia los flujos de efectivo. El análisis de la relación entre el rendimiento presente y el pasado de una empresa da esa base necesaria para una previsión en el futuro. Y la previsión financiera es muy útil en la valoración de la empresa, la evaluación del crédito, la evaluación de la seguridad, así como la predicción de problemas financieros. También es útil para el análisis de fusiones y adquisiciones.

Las siguientes son herramientas utilizadas para analizar información financiera;

- Análisis de la relación financiera

- Análisis de flujo de caja

- Análisis de tamaño común.

Las herramientas mencionadas anteriormente tienen sus especificaciones. El análisis de ratio financiero se utiliza cuando se desea realizar un análisis de la economía, mientras que el análisis de flujo de efectivo es para el análisis industrial, entonces el análisis de tamaño común es lo que utilizan las empresas. Aparte de los estados financieros de la compañía y otras divulgaciones, el analista financiero también examinaría la economía y la industria que la compañía se encuentra y opera. No podemos hacer justicia al tema: *análisis financiero* sin hablar de análisis económico, análisis industrial y análisis de empresas.

Análisis económico

Cualquier analista financiero que trabaje en un análisis financiero completo debe trabajar con respecto a la información sobre la economía actual. Debe ser capaz de evaluar la empresa de acuerdo a su desempeño en un entorno específico y cómo funcionaría en un entorno económico diferente. Con esta información, él / ella sería capaz de dar ese pronóstico o desarrollar un mejor pronóstico de cómo funcionaría la empresa en el futuro.

Para el análisis económico se necesitarían los siguientes datos:

- Empleo

- Producción e Ingresos

- Consumo

- Tipos de interés

- Inflación

- Actividad de inversión

- Precios de las acciones

Análisis de la industria

El análisis financiero no se puede llevar a cabo sin una mirada cercana a la industria en la que se encuentra la empresa. Los siguientes son los factores importantes necesarios para el análisis de la industria.

- Naturaleza de la competencia

- Condiciones laborales

- Cuota de mercado de la empresa individual en la industria

- Elasticidad de precios, demanda y oferta

- Condiciones reglamentarias

- La reacción de la demanda de condiciones económicas.

Al realizar análisis financieros sobre una empresa o una industria, es fundamental que reconozca las fuentes de valor añadido. Hemos aprendido en economía básica que una empresa acumula valor cuando tiene una ventaja competitiva o comparativa. Esta ventaja comparativa o ventaja competitiva debe ser analizada por el analista financiero. Esta ventaja proporciona beneficios económicos, así como un crecimiento futuro sostenible. El beneficio de valor añadido, que también se conoce como beneficio económico, debe analizarse con respecto a los ingresos de la empresa por encima del coste de capital de la empresa. Sin embargo, debemos tener en cuenta que cuando hablamos del crecimiento sostenible de una empresa, no nos referimos a lo mucho que una empresa necesita seguir creciendo estamos hablando de su tasa de crecimiento que puede mantener sin tener ninguna causa para buscar un apalancamiento financiero adicional.

Michael Porter enumeró cinco factores que puede utilizar para analizar las ventajas anteriores.

1. Amenaza de nuevos participantes: Definitivamente, hay industrias/empresas que querrían competir con las tuyas. La compañía podría tener ventajas si hay barreras para los nuevos participantes.

2. Poder de negociación de los compradores: Todos sabemos que el poder de negociación más fuerte del comprador, cuanto menos dinero ganaría una industria o empresa.

3. Poder de negociación de los proveedores: El beneficio económico también se reduciría si el proveedor tiene tanto poder de negociación.

4. Las amenazas de los sustitutos: El beneficio económico potencial se reduce si los competidores pueden imitar con éxito el producto o los servicios de su empresa. Es por eso que debe invertir en gran medida en monopolizar sus servicios tomando en serio las patentes, las marcas y los

derechos de autor. Esto reduciría la amenaza de los sustitutos.

5. Rivalidad entre competidores: La economía básica nos dice que cuanto más competitiva sea la a/industria, menor será el beneficio económico de cualquier miembro de esa industria.

Los factores anteriores que se conocen como *las Cinco Fuerzas de Porter* deben ser la preocupación del analista financiero al hacer el análisis de la industria. Sin embargo, mientras el analista examina estos factores, también debería ser capaz de abordar la cuestión de las fuentes de los beneficios económicos de la industria/empresa y las fuentes del crecimiento sostenible de la empresa.

Análisis de la empresa

Al hacer un análisis de la empresa, usted está obligado a observar la historia financiera de la empresa e incluso los acontecimientos recientes con el objetivo de organizar la expectativa futura de la empresa. Los siguientes son los tipos de información que un analista recopila:

- Principales noticias financieras en los últimos años.

- Estados financieros, así como divulgaciones relacionadas con datos.

- Inversión internacional

- Rango y cuota de mercado en la industria

- Litigios principales (si los hay)

- El estado actual o etapa de la empresa en su ciclo de vida. El analista debe ser capaz de determinar si la empresa está en su etapa de desarrollo, etapa de madurez o en su etapa de creciente.

- La reacción de la empresa a los precios de las materias primas como el petróleo, etc.

- Esfuerzos de desarrollo e investigación.

- Las contribuciones del principal producto, divisiones e incluso subsidiarias de la compañía a la operación de la compañía.

Hay algunas necesidades necesarias para realizar análisis financieros. Estas necesidades son las principales herramientas de análisis financiero, e incluyen:

- Análisis de la relación

- Análisis de tendencias

- La declaración común de tamaño de las finanzas

- Comparativas industriales

Los analistas financieros pueden decidir utilizar las herramientas y la técnica para:

- Aísle esas tendencias positivas o negativas

- Ayudar a localizar la fuerza y las debilidades

El lenguaje de los estados financieros y los informes anuales

Durante siglos, a los inversores, así como a los gerentes de negocios, les ha costado comunicar y analizar las operaciones financieras. El propietario de los recursos invertidos siempre buscaría ayuda para monitorear, evaluar su negocio, esto ha comenzado desde el comienzo de las actividades comerciales, y continuaría. La necesidad de un administrador financiero para el gerente operativo no puede ser exagerada.

El lenguaje de la contabilidad empresarial es ese vehículo de comunicación de información financiera sobre una empresa, industria o empresa. No todo el mundo entiende este idioma. Sin embargo, varios individuos; gerentes, propietarios, inversionistas, clientes, acreedores, agencias gubernamentales, proveedores, economistas y muchos otros hacen uso de este lenguaje. Tienen diferentes usos cuando se trata de información financiera y estados de cuenta. Para los propietarios, su preocupación es que la empresa aumenta el beneficio y la riqueza. Para los acreedores, quieren saber si la empresa es lo suficientemente líquida como para pagar deudas y lo suficientemente solvente como para seguir pagando préstamos en caso de que el negocio decida retirarse debido al fracaso. Los gerentes, por otro lado, qué se debe compensar por su arduo trabajo y tener esa confianza en que su empleador les otorgaría seguridad laboral. Los clientes e incluso los proveedores querrían beneficiarse de las relaciones comerciales en curso para que deseen analizar estas declaraciones pero de forma pasiva. El gobierno aquí también participa activamente porque quieren el bien del público. También quieren recaudar impuestos y mejorar los informes financieros también. Si se proporciona información contable adecuada, las partes interesadas se beneficiarán y alcanzarán sus objetivos. La contabilidad es un sistema que está en constante cambio. Todas las partes que tienen participaciones en el entorno económico requerirían que los conocimientos entiendan los informes financieros y presionen continuamente para que se mejoren en esta información

Los estados financieros no nos dirían todo

Los estados financieros nos proporcionan mucha información sobre una empresa, empresa o industria, pero no nos dicen todo lo que necesitamos saber. Hemos escuchado y visto de estafa financiera en el pasado, y estos han traído nuestra atención a las cosas que los estados de cuenta se esconden de nosotros. Para ser lo suficientemente específicos, la atención se ha trasladado a los pasivos fuera de balance de una empresa. El balance fuera de balance es complicado porque es un método que la empresa utiliza para las finanzas. Es complicado porque las deudas no se mostrarían en el informe del balance. La buena noticia es que ha habido una mejora significativa en los principios contables en los últimos años, lo que aporta principios complicados como los pasivos fuera de balance a una nota en las cuentas o divulgaciones. Esto significa que ya nadie puede jugar con la inteligencia de nadie preparando fuera de balance.

Hay varias cosas a tener en cuenta en una divulgación financiera, especialmente cuando usted está haciendo un análisis de ese estado financiero:

1. En los estados financieros, debe observar lo siguiente:

    - Observer el informe del auditor. ¿Es un auditor calificado? La falta de preocupación y cualificación es la campana de muerte de muchas empresas.

    - Compruebe la amortización o la amortización de activos. ¿Cómo afecta esto a las ganancias futuras?

    - Observe la amortización del inventario. Si está escrito, ¿qué significa? ¿Cómo ayuda esto a las decisiones futuras? ¿Qué haría con sus ganancias futuras cuando se venden los bienes?

2. Al pasar por las notas al pie, debe buscar lo siguiente:

    - La adopción del nuevo estándar contable antes de que la empresa lo adopte.

    - La reducción en la línea de crédito

    - El cambio de cuentas por cobrar a constituye subsidiario.

    - Las diferencias o cambios en la vida de la depreciación y los valores de recuperación o el proceso de cambio de depreciación.

- Los pasivos contingentes, así como las disposiciones de las normas.

- Variación en las suposiciones para el bienestar de los empleados.

- La transacción entre partes relacionadas también.

3. Si desea comparar los cambios interanuales y las tendencias generales, debe buscar lo siguiente:

- Variación en los métodos contables

- Crecimiento de la valoración de los derechos de emisión

- Proliferación sustancial en los ingresos diferidos

- Si el flujo de caja de las operaciones está aumentando o reduciendo a una tasa diferente de la renta neta.

- También debe comprobar la caída de las reservas para las deudas incobrables y las cuentas por cobrar.

Conocer los componentes del análisis financiero le ayudaría a hacer un análisis financiero real de los estados de cuenta.

Capítulo 3

Análisis de Estados Financieros

Él AICPA (American Institute of Certified Public Accountants) nos dice que los estados financieros muestran que la combinación perfecta de los hechos registrados, métodos contables y principios más juicios personales. Además, Smith y Ashbourne nos dijeron que los estados financieros son los productos finales de la contabilidad financiera puestos a disposición por el contador de una empresa o empresa y su resultado está representado por esa posición financiera y el análisis de la obra que ha se ha hecho con el interés.

Hay varios componentes de los estados financieros, algunos de los cuales son:

1. La cuenta de resultados muestra el resultado financiero y los beneficios de una empresa.

2. El estado de ganancias retenidas que muestra el dinero específico reservado para uso futuro o para un proyecto y la asignación de ganancias.

3. El balance muestra que la situación financiera de la empresa en ese momento, y representa el fondo del propietario, así como los pasivos a los forasteros. El balance también muestra la inversión presente en todos los activos fijos.

4. Por último, la declaración de cambios en ese punto financiero que muestra el progreso del capital de trabajo o del efectivo. También nos muestra la posición financiera para que podamos tener una comprensión ideal del estado empresarial.

Por lo tanto, los estados financieros se organizan para su presentación durante un período específico, y están sujetos a revisión por la dirección y otros organismos interesados. Ayudan a la dirección a tratar con (i) el estado de las inversiones en el negocio, así como el (i) resultado obtenido por la empresa durante ese período específico de revisión.

La naturaleza del estado financiero

El estado financiero está listo para informes externos en la estructura del Balance, así como de la Cuenta de Pérdidas y Ganancias. Las declaraciones están presentes en el informe anual de la empresa que incluiría; el discurso del presidente, el informe del director, el informe del auditor y los cambios en la política contable también. Además, tenemos otros informes que respaldan estas declaraciones. Algunos de ellos lo son; el número de listas, declaraciones suplementarias, notas al pie de página y algunas notas explicativas también. AICPA dijo que estas declaraciones deberían mostrar que la combinación de hechos registrados, procedimientos contables, acuerdos, juicios personales y convenios que se utilizaron mientras se dirigía el negocio. Según esto, los estados de hacienda tienen la siguiente naturaleza:

1. Convenciones contables: El uso de números para representar la composición empresarial se basa en varias convenciones. Algunos de los cuales han existido durante un largo período de tiempo. La contabilidad se estructura en este número de convenciones algunos con respecto a la posición cambiante, mientras que algunos son con respecto a la porción de cobro de un gasto, beneficio y pérdida en particular, etc. por esta razón, los estados financieros deben tener lo siguiente características: en primer lugar, los datos deben mostrarse en los estados financieros deben estar sujetos a esa validez de la convención utilizada. (ii) Todas las personas interesadas en virtud de esa rama de producción deben respetar este patrón del Convenio, de modo que puedan utilizarse eficazmente para la comparación.

2. Hechos grabados: Todas las ocurrencias que han podido cambiar el punto financiero se registran en ese libro principal en el formato de diario. Los libros contables también están listos a partir de estos libros y el saldo de prueba. Todos los hechos y las cifras que se registran en estos libros y estados financieros se conocen como los hechos registrados. Además, los estados financieros se publican como hechos registrados. Puede haber muchos detalles importantes sin grabar que no se muestran en los estados financieros. A pesar de esto, estos hechos no

registrados que pueden incluir; el valor de mercado de la inversión, el pasivo contingente, etc. se muestran generalmente entre corchetes o en las notas al pie de página para mejorar la validez del estado financiero.

3. Principios de cuenta generalmente aceptados (GAAP): Somos conscientes de que la contabilidad se basa en algunos principios que han llegado a existir como resultado de las convenciones populares de aceptación general. GAAP es una composición de conceptos, convenciones, principios, etc. que se utilizan como el estándar para el registro y otras transacciones financieras. Por lo tanto, es obvio que los estados financieros estarían influenciados por estos GAAP. Un muy buen ejemplo aquí sería el cierre de la acción, que siempre se valora al costo o precio de mercado. La convención de conservadurismo sigue a esto. Otra es que el beneficio se mide por *los ingresos* menos el *costo,* entonces un concepto de conciliación viene después de esto.

4. Juicios personales: somos conscientes de que se han propuesto varios convenios y conceptos e incluso están en uso. Sin embargo, su utilización se basa en el efecto general del juicio personal de los contadores. Pueden surgir casos en los que los contadores encuentren soluciones alternativas a problemas financieros complejos; por ejemplo. Tenemos diferentes formas de calcular el coste del stock como el LIFO, FIFO, promedio ponderado y el promedio simple. De todos estos métodos y procedimientos, el contador elige sólo un método basado en su juicio personal. Esto significa

que el juicio personal del contador afecta la forma en que hace registros. Además, su juicio personal podría afectar a las empresas; deudas, depreciación, asignación de gastos, valores de stock, etc. porque todo esto requiere procedimientos motivados por el punto de vista o juicio personal del contador.

Hemos hablado extensamente sobre el estado financiero. Sin embargo, no hemos mencionado que el estado financiero tiene algunas limitaciones. Estas declaraciones se preparan con ese singular objetivo de hacer un informe periódico del progreso de la empresa a la dirección para que el estado y el resultado del negocio puedan ser tratados adecuadamente. Por el contrario, objetivos como este no siempre se alcanzan debido a algunas limitaciones.

El primero es que el estado financiero es básicamente un informe temporal. Y este informe, como cualquier otro informe comercial, depende de hechos especulados e información inexacta, ya que los gastos y los ingresos se liquidan durante diferentes períodos basados en una fundación inapt. Los activos son remunerados durante ese período en particular. La verdad es que la posición específica sólo se puede ver cuando el negocio está cerrado. ¿Cómo puedes resolver este problema? En primer lugar, el contador necesita resolver el problema del tiempo. Necesita asegurarse de que el tiempo se divide en sesiones contables específicas. Los gastos o ingresos de capital, así como los gastos e ingresos de ingresos, deben identificarse adecuadamente, y se debe crear una coincidencia adecuada, prestando mucha atención al momento en que estos gastos y resultados ocurrieron. Entonces podemos obtener la posición real del negocio.

Además, el estado financiero muestra muchos activos y pasivos contingentes más activos ficticios que obviamente no tienen valor. Aparte de esto, el valor revelado de los activos no es un valor real o el valor verdadero. Por lo tanto, el estado financiero no mostraría la posición real de la empresa. Si los activos y pasivos se revalorizan de vez en cuando, este problema se puede resolver. Un valorador eficiente debe hacer esto. Y los activos ficticios deben ser cancelados contra las ganancias retenidas. Los elementos de la lista contingente también deben valorarse a partir de la experiencia pasada.

Otra limitación aquí es el balance. El balance es algo estático, y muestra la posición y la preocupación en ese momento. Más aún, la ubicación real de la preocupación puede estar cambiando de un día para otra. Debido a esto, hay posibilidades de vestir ventanas en el Balance. El estado financiero puede no ser fiable y real porque está estructurado en algunos convenios y conceptos que no son realistas y no son fiables. Tomemos aquí un muy buen ejemplo; los principios del conservadurismo estipulan que las pérdidas probables de la convención son ignoradas por lo que no se puede revelar su verdadera posición. Un problema como este puede ser anulado si el equilibrio y las contradicciones pueden ser eliminados y se puede hacer hincapié en la convección, que es aplicable y adecuado para su uso.

El análisis de estados financieros puede ser engañoso a veces porque muestra el lugar durante un período de costo histórico, y también incluye ese efecto de las transacciones. Una declaración histórica como estas no es 100% verdadera y útil para la planificación futura. Un problema como este se puede resolver mediante la contabilidad de inflación. El suyo revela el efecto de ese cambio en el precio y la posición real. Además, el análisis que se basa en sólo una declaración de un año no puede ser muy útil por eso se necesita análisis comparativo, análisis de tamaño común y análisis de tendencias. Otra cuestión que puede decirse que es una limitación es que los diferentes métodos de contabilidad tienen diferentes preocupaciones bajo la misma industria; sería muy difícil comparar posiciones. Este problema se puede resolver utilizando la misma forma de casting y sistema de contabilidad en todo. Se dice que los estados financieros registran el único hecho monetario. Sin embargo, hechos no monetarios como la calidad del producto, la eficiencia de la mano de obra, la relación industrial, etc. que también tienen fuertes efectos en las posiciones financieras no se revelan aquí. Ahora, la técnica de control de calidad, así como el análisis de valor añadido. Estos se aplican para minimizar otras complicaciones.

Los estados financieros se ven fuertemente afectados por el juicio personal y las decisiones individuales. Un muy buen ejemplo aquí es cuando el contador decide elegir un método de valoración de stock, etc. La solidez de esta sentencia se basaría en la competencia del contador. Este problema se puede resolver haciendo uso de las directrices del estándar contable, lo que obviamente ayuda en el análisis comparativo. Por último, el activo más importante del negocio siempre serían los recursos humanos, excepto en algunos casos ahora. Sin embargo, esto no se muestra en el balance; por lo tanto, tenemos un gran problema en el que el estado financiero no puede mostrar esa fuerza real del negocio teniendo en cuenta la calidad y la cantidad de los activos más básicos. Un problema como este se puede resolver a través de la contabilidad de recursos humanos.

Este capítulo estará incompleto si no hablamos del enfoque tradicional del análisis de los estados financieros frente al Enfoque Moderno. Hemos sido capaces de afirmar que el análisis de los estados financieros implica ese proceso de evaluación de la relación existente entre las partes componentes del informe financiero para lograr una mejor comprensión de la posición de la empresa, así como de su desempeño. Sin embargo, este análisis se basa en dos enfoques; el enfoque tradicional y moderno.

El enfoque tradicional se basa en el tema del análisis del estado financiero colocado en una rama de estudio diferente. Se basa en el marco conceptual y analítico, y no es apropiado para la toma de decisiones internas.

Si bien el enfoque moderno para el análisis de los estados financieros es esa línea de ataque de base amplia que muestra un marco teórico y analítico para la toma de decisiones financieras internas. Este enfoque hace que el análisis de estados financieros sea una parte fundamental de la gestión general. Podrías estar preguntándote; *¿por qué necesito esto?* Bueno, necesitamos saber el tipo de enfoque a tomar cuando se trata de análisis de estados financieros porque tenemos diferentes usos. Usted no querría elegir un enfoque que no va bien con el propósito que tiene en mente al hacer tal análisis. El enfoque tradicional no le daría ese análisis detallado. Simplemente le daría una evaluación general / fundamental que le dejaría para hacer juicios y decisiones por sí mismo. Tal vez necesites esa foto de la superficie en ese momento. El enfoque tradicional sería muy útil para ello. Pero si usted está buscando en un aspecto serio de la toma de decisiones y un análisis detallado, usted debe ir por el enfoque moderno. Sin embargo, no debemos cometer el error de concluir que el enfoque tradicional es sólo una pérdida de tiempo. Ambos tienen sus usos y peculiaridades. Existen algunas diferencias entre el enfoque tradicional y el enfoque moderno. Se enumeran a continuación:

Enfoque tradicional	Enfoque moderno
En este enfoque, el estado financiero nunca es una parte importante o fundamental de las diferentes disciplinas que tienen que ver con la toma de decisiones. De hecho, los economistas y los expertos en finanzas no dependen de los datos dados con este tipo de enfoque.	En este enfoque, el estado financiero es el sistema de tratamiento que proporcionaría información pertinente como insumo. De ello se deduce que el diseño perfecto destinado a la toma de decisiones y la creación de modelos como los modelos de decisión de préstamos bancarios o el modelo de selección de cartera.

Los marcos que albergan el método analítico y las técnicas no están correctamente definidos. Esto hace que el análisis con este enfoque carezca de progreso o dirección.	Las herramientas y técnicas desarrolladas aquí son probadas y de confianza para trabajar dentro de ese marco bien especificado de teorías de toma de decisiones.
El análisis de los estados financieros está totalmente desconectado de las teorías económicas, así como de los modelos.	Existe una fuerte conexión entre el análisis financiero y las teorías económicas y los modelos financieros.
No se utilizan herramientas y técnicas estadísticas. Sin embargo, se utilizan procedimientos matemáticos simples como ratios, promedio, un porcentaje	Se utilizan diferentes herramientas estadísticas, técnicas e incluso procedimientos matemáticos complicados.
Los datos contables bajo el enfoque tradicional se describen convencionalmente en los estados financieros	Datos contables que se notifican, datos contables no notificados como; el valor de mercado de los activos e incluso los datos no contables se infunden en este enfoque cuando se realiza el análisis.

Lista de verificación del analista

El aspecto más importante del estado financiero no es el patrimonio de los accionistas. De hecho, a menudo se ignora durante el análisis. Por otro lado, es la declaración inicial que el analista debe observar incluso antes de ir a otras declaraciones. Este estado de cuenta resumido debe vincular todas las transacciones que influyen en el patrimonio de los accionistas de una manera u otra. Al analizar esta declaración, debería ver que el análisis valoraría el capital disponible. Además, cuando los ingresos contables que están en uso se valoran, debe mostrar ese ingreso integral. De lo contrario, ese valor se perdería durante el cálculo. ¿Sólo si los ingresos son integrales, ¿se mantendrán las relaciones contables? Porque haríamos uso de estas relaciones como herramientas para el análisis. Pero no debemos olvidar que estas herramientas sólo funcionarían si los ingresos están en esa estructura integral.

El valor se produce para los tenedores de capital por las operaciones, no por esas actividades de financiación de capital. Las recompras en cuestiones de mercado y acciones no construirán ese valor si el mercado de capitales eficiente está en su lugar. Sin embargo, a veces se realizan problemas de participación a cambio de bienes, así como de servicios en operaciones, especialmente para la compensación de los empleados.

Las siguientes son listas de comprobación del analista

- ¿Cómo se establece la declaración del Principio de Contabilidad Generalmente Aceptada del patrimonio de los accionistas?

- ¿Cuáles son los artículos reportados en la otra lista completa de *ingresos* y qué posición se informa?

- ¿Cómo puede analizar los ratios y utilizarlos en el análisis financiero?

- ¿Por qué debería considerarse importante la reforma de la declaración?

Capítulo 4

El Informe Integral de Ingresos

Los informes de ingresos integrales trata de medir la suma del total de todas las operaciones y los eventos financieros que han cambiado el valor de los intereses del propietario en la empresa. La presentación global de informes sobre los ingresos se mide sobre la base por acción necesaria para capturar los efectos de la dilución y otras opciones disponibles. También está eliminando el efecto del capital de la transacción, y el propietario sería indiferente debido a los pagos de dividendos y así como las recompras de acciones más las emisiones de acciones a ese valor de mercado. Los ingresos globales se calculan conciliando el valor registrado por acción desde el principio del período hasta el final de ese período. Además, el ingreso global total es siempre el cambio de capital durante ese período resultante de las operaciones e incluso otros acontecimientos que pueden provocar cambios resultantes de operaciones con accionistas en su condición de propietarios. La presentación total de informes de ingresos integrales se compone de todos los componentes de la ganancia o pérdida y otros ingresos integrales. La reclasificación, los ajustes y otros elementos son componentes de los ingresos integrales.

Incluirían las ganancias y pérdidas que se necesitan o permiten en otra evaluación de ingresos. La reclasificación, así como los ajustes, son aquellas cantidades separadas en ganancias o pérdidas en el período actual que se reconocerían en otros ingresos globales de ese tiempo actual o anterior.

Otros ingresos integrales pueden incluir los siguientes componentes:

a. Los cambios que se producen durante el superávit de revalorización.

b. Ganancias y pérdidas reales de esos planes de beneficios definidos y otros acuerdos reconocidos con algunos beneficios para empleados.

c. También se requieren ganancias o pérdidas al volver a medir disponibles para esos activos financieros de venta.

d. Las ganancias y pérdidas obtuvieron la traducción de los estados financieros relacionados con la operación extranjera y otros efectos de los tipos de cambio.

e. La influencia de las ganancias y pérdidas de la porción en los instrumentos de cobertura presentes en la cobertura de flujo de efectivo.

La ganancia o pérdida es que los ingresos totales menos gastos, eliminando los componentes de otros ingresos integrales. Además, una entidad puede decidir mostrar otros componentes de otros ingresos integrales que puedan incluir;

a. El neto de los efectos fiscales conexos

b. O antes de que los efectos fiscales afecten al importe mostrado para esa cantidad agregada de impuestos sobre los ingresos que implican estos componentes.

A continuación se muestra un ejemplo de los ingresos integrales de una empresa para el año terminado el 31de diciembre,

2014 (Importe en ')	2013 (Importe en ')	
Ingresos	6,50,000	5,90,000
Costo de ventas	(4,20,000)	(3,70,000)
Gastos de distribución	(10,000)	(25,000)
Gastos administrativos	(25,000)	(35,000)
Costos financieros	(72,000)	(67,000)
Beneficio antes de impuestos	**1,23,000**	**93,000**
Gastos del impuesto sobre la renta	26,000	17,000
Beneficio del año	**97,000**	**76,000**

Otros ingresos integrales:

Diferencias de cambio en la traducción de operaciones extranjeras,	12,000	(17,000)
Cambio en el valor razonable de los instrumentos de cobertura, neto de impuestos	(3,000)	4,000
Pérdidas reclasificadas en el instrumento de cobertura a beneficio o pérdida	(1,000)	(8,000)
Otros ingresos integrales del año, netos de impuestos	**8,000**	**(21,000)**
Ingreso Total Integral para el año	**1,05,000**	**55,000**

Capítulo 5

El Balance

El balance se prepara a partir de la fecha estipulada. Registra la sección y el volumen de activos utilizados por la empresa. Esto incluye los recursos comprometidos, así como los pasivos de compensación otorgados a los prestamistas y propietarios, especialmente los fondos obtenidos. El balance también se conoce como *estado de situación financiera* o estado *de situación financiera.* Un balance, como su nombre indica, siempre debe equilibrarse. Esto significa que el valor registrado de todos los activos puestos en el negocio en cualquier momento debe corresponder precisamente a los pasivos registrados y el patrimonio de los propietarios que reclama estos activos debe estar bajo control. Los pasivos son aquellas obligaciones identificadas que significan reclamaciones contra los activos de la empresa, posicionándose por encima de los propietarios en la prioridad de reembolso. Contrariamente, el patrimonio de los accionistas especificado en los efectos muestra que la reclamación residual de los propietarios sobre los activos dejados después de que se hayan eliminado todos los pasivos.

Hay varias categorías principales de activos, o recursos comprometidos, algunos de ellos son:

- ✓ Los activos actuales: Estos son elementos que se entregarían si todas las cosas siguen siendo iguales durante el curso del negocio dentro de un período de tiempo comparativamente corto. Ejemplos son; efectivo, cuentas por cobrar, inventarios y valores negociables.

- ✓ A continuación, en la lista están los activos fijos. Disposiciones como terrenos, edificios, equipos, recursos minerales, vehículos, maquinaria, etc. que permanecen constantes y se utilizan repetidamente durante ese largo período de tiempo entran dentro de esta lista.

- ✓ Otros: activos como depósitos, patentes y varios otros intangibles que incluyen el bien de comercio obtenido de varias adquisiciones también podrían ser energía de trabajo para la empresa en términos de activos.

A continuación se muestra la lista de las principales fuentes de fondos obtenidos:

- ✓ Pasivos corrientes: son obligaciones con proveedores, empleados, prestamistas e incluso autoridades fiscales que vencen dentro de un año o incluso menos.

- ✓ También tenemos pasivos a largo plazo. Se trata de variedades de instrumentos de deuda que pueden ser reembolsados en el plazo de un año. Algunos ejemplos son préstamos, hipotecas, préstamos y bonos.

- ✓ Patrimonio de los propietarios o accionistas: Esto representa el importe neto registrado de los fondos proporcionados por diferentes clases de propietarios del negocio, así como los ingresos acumulados que quedan en el negocio después de que se hayan liquidado los dividendos.

Los balances son estáticos. Esto significa que reflejan la condición inmediata en la fecha en que están preparados. También podemos considerar que el balance es acumulativo ya que significa los efectos de todas las decisiones y transacciones que han ocurrido desde el inicio del negocio y también se han contabilizado hasta la fecha en que se preparó.

Las reglas de contabilidad financiera nos obligan a registrar todas las transacciones al coste y valores incurridos en ese momento e incluso el cambio retroactivo para verificar los valores que se realizan sólo en las circunstancias muy limitadas. Como resultado, el balance, siendo la visión acumulativa de los activos y pasivos que fueron adquiridos o incurridos en varias ocasiones debido al hecho de que el valor económico actual de los activos cambiaría, particularmente en el caso de los elementos de mayor duración como los edificios y la maquinaria o esos recursos fundamentales como la tierra y los minerales. Además, el coste estipulado en el balance no mostraría los verdaderos valores económicos. Por otro lado, los cambios que aparecen en el valor de la moneda donde se registran las transacciones pueden, con el tiempo, alterar el balance.

Al final del día, el valor contable registrado del patrimonio neto de los propietarios debe estar influenciado por todos los diferenciales de valor. En general, tenemos una divergencia entre el valor contable residual y el valor económico actual del negocio, como se muestra en los importes de las acciones o en la valoración de los activos adquiridos. A veces, las acciones de algunas empresas exitosas se negociarían a niveles de precios muy superiores a los del valor contable récord. Varias normas contables recientes razonables requerirían la estimación y el registro de los pasivos contingentes resultantes de esa diversa obligación futura, como el costo de la atención de la salud y la pensión. Esto infunde otra serie de juicios de valor. Partidas como estas se muestran bajo *otros pasivos,* que está justo por encima del capital de los accionistas. Su efecto resulta en esa reclasificación de ser esa parte de las reclamaciones restantes de los propietarios a esa forma especial de pasivos a largo plazo.

El balance, si se definiera con respecto a una impugnación decisoria de inversiones, operaciones y financiación, es la inclusión acumulativa del efecto de la financiación y la inversión anteriores, así como las decisiones de los resultados operativos netos de la utilización de estos Recursos. Podemos ir más allá diciendo que es un registro histórico de transacciones que han influido en el negocio actualmente en más de un número especificado de veces. Es la influencia neta de estas operaciones en forma de ese beneficio o pérdida continuado que figura en el registro de capital de los accionistas cambiante.

No debemos olvidar el balance de tamaño común que se puede preparar haciendo uso de los activos totales para hacer que cada cantidad sea estándar en lugar de hacer uso de la tabla de ventas totales. Los porcentajes de activos aquí son buenas señales de que hay una buena mezcla de activos en la empresa. Cada balance de tamaño común muestra el número de ventas porcentuales para ese año en particular. A continuación se muestra un balance comparativo para Microsoft que muestra la cantidad en dólares y en porcentajes. La parte del balance de tamaño común que proporciona suficiente información es la sección de *activos fijos.* Podemos hacer uso de estos activos sección para medir lo eficiente que ha sido el activo de una empresa. Un muy buen ejemplo aquí sería observar los activos totales de Microsoft en el año 2001 y 2002. Usted notará que ese activo total era de $67,646 en 2002. ¿Microsoft pudo administrar sus activos de forma ingeniosa en 2002 en comparación con 2001, cuando el total de activos ascendió a 58.830 dólares? Si desea comparar esos números sin procesar, es posible que no tenga esa imagen perfecta y respuestas a las preguntas anteriores. Sin embargo, puede hacer uso del balance de tamaño común para mostrar que cada venta en el año 2002 necesitaba un activo de $2,385. Ahora, nos sentiríamos tentados a hacer la pregunta: *¿cuál de los dos años fue Microsoft más ingenioso al hacer uso de sus activos para obtener más ventas?* Sin duda, en 2001, fueron más ingeniosos porque, durante ese año, cada dólar de ventas necesitaba ese bajo nivel de activos. Los estados financieros de tamaño común no son tan sofisticados como cualquier herramienta analítica. Sin embargo, no constituyen para ese análisis total. A pesar de que son la herramienta más fácil y rápida disponible para usted, que incluiría ese primer stage de cualquier análisis amplio.

A continuación se muestra un ejemplo de un balance real obtenido del informe anual de TRW Inc de 1997:

TRW INC. Y SUSCTULACIONES

Balances Consolidados

31 de diciembre de 1997 y 1996 (millones de dólares)

Fuente: Adaptado del informe anual de 1997 TRW Inc.

	1997	1996
Activos		
Activos actuales:		
Equivalentes de efectivo y efectivo	$70	$ 386
Cuentas por cobrar	1.617	1.378
Inventarios	573	524
Gastos prepagados	79	69
Impuestos diferidos sobre la renta	96	424
Total de activos corrientes	2.435	2.781
Propiedad, planta y equipo a costo	6.074	5.880
Menos: Asignaciones para amortización y amortización	3.453	3.400
Total propiedad, planta y equipo: neto	2.621	2.480
Activos intangibles:		
Intangibles derivados de adquisiciones	673	258
Otro	232	31
Total de activos intangibles	905	289
Menos: Amortización acumulada	94	78
Total activos intangibles: neto	811	211
Inversiones en empresas afiliadas	139	51
Otros activos	404	376
Total de activos	**$6,410**	**$5,899**
Pasivos e Inversión de los Accionistas		
Pasivos corrientes:		
Deuda a corto plazo	$ 411	$ 52
Compensación acumulada	338	386
Cuentas comerciales por pagar	859	781
Otros devengos	846	775
Dividendos a pagar	38	39
Impuestos sobre la renta	99	52
Porción actual de la deuda a largo plazo	128	72
Total de pasivos corrientes	2, 719	2, 157
Pasivos a largo plazo	788	767
Deuda a largo plazo	1.117	458
Impuestos diferidos sobre la renta	57	272
Intereses minoritarios en filiales	105	56

Inversión de los accionistas:

Acciones de preferencia de serie II	1	1
Stock común	78	80
Otros capitales	462	437
Ganancias retenidas	1.776	1.978
Ajustes de traducción acumulados	(130)	47
Acciones de tesorería: coste superior al valor nominal	(563)	(354)
Inversión total de los accionistas	1.624	2.189
Total pasivos e inversión de los accionistas	**$6,410**	**$5,899**

Balance de tamaño común para Microsoft

30-Jun	2001		2002	
Activos				
Activos actuales:				
Efectivo y equivalentes	3.922	15,5%	**3.016**	10,6%
Inversiones a corto plazo	27.678	109,4%	**35.636**	125,6%
Total de efectivo e inversiones a corto plazo	31.600	124,9%	**38.652**	136,3%
Cuentas por cobrar, neto	3.671	14,5%	**5.129**	18,1%
Inventarios	83	0.3%	**673**	2.4%
Impuestos diferidos	1.522	6,0%	**2.112**	7,4%
Otros	2.334	9,2%	**2.010**	**7,1%**
Activos corrientes totales	39.210	155,0%*	48.576	171,3%
Inmuebles y equipos, neto	2.309	9,1%	**2.268**	8,0%
Capital y otras inversiones	14.361	56,8%	14.191	50,0%
Goodwill	1.511	6.0%	**1.426**	5.0%
Activos intangibles, neto	401	1,6%	**243**	0,9%
Otros activos a largo plazo	1.038	4,1%	**942**	3,3%
Activos totales	58.830	232,6%	**67.646**	238,5%
Pasivos y patrimonio de los accionistas				
Pasivos corrientes:				
Cuentas a pagar	1.188	4,7%	**1.208**	4,3%
Compensación acumulada	742	2,9%	**1.145**	4,0%
Impuestos sobre la renta	1.468	5,8%	**2.022**	7,1%
Ingresos no obtenidos a corto plazo	4.395	17,4%	**5.920**	20,9%
Otros	1.461	5,8%	**2.449**	8,6%
Pasivos corrientes totales	9.254	36,6%	**12.744**	44,9%
Ingresos no ganados a largo plazo	1.219	4,8%	**1.823**	6,4%
Impuestos diferidos	409	1,6%	**398**	1,4%
Otros pasivos a largo plazo	659	2,6%	**501**	1,8%
Pasivos totales	11.541	45,6%	**15.466**	54,5%
Patrimonio de los accionistas:				
Acciones comunes y capital desembolsado	28.390	112,2%	**31.647**	111,6%
Ganancias retenidas, incluyendo acumulado otros ingresos de $587 y $583	18.899	74.7%	**20.533**	72.4%
Patrimonio total de los accionistas	47.289	186,9%	**52.180**	184,0%
Pasivos totales y capital social	58.830	232,6%*	**67.646**	238,5%

Nota: Debido al redondeo, los porcentajes no siempre suman exactamente. Este es un problema aritmético menor que no debería entorpecer el análisis.

Montana Corporation

Balances

31 de diciembre de 2006 y 2005

	2006	2005
Activos		
Activos actuales:		
Efectivo.	$ 11,000	$ 13,000
Cuentas por cobrar (neto)	92.000	77.000
Inventario.	103.000	92.000
Gastos prepagados	6.000	5.000
Total de activos corrientes	$212,000	$187,000

2006 2005

	2006	2005
Propiedad, planta y equipo:		
Tierra y construcción	$ 61,000	$ 59,000
Maquinaria y equipo	172.000	156.000
Total propiedad, planta y equipo	$233,000	$215,000
Menos depreciación acumulada	113.000	102.000
Propiedad, planta y equipo netos	$120,000	$113,000
Otros activos	$ 8,000	$ 7,000
Total de activos	**$340,000**	**$307,000**

	2006	2005
Pasivos y Patrimonio de los Accionistas		
Pasivos corrientes:		
Proveedores de pago	$ 66,000	$ 55,000
Notas pagaderas	—	23.000
Dividendos a pagar	2.000	—
Impuestos sobre la renta a pagar	3.000	5.000
Total de pasivos corrientes	$ 71.000	$ 83.000
Deuda a largo plazo	75.000	42.000
Total de pasivos	$146,000	$125,000
Patrimonio de los accionistas:		
Stock común ($1 par)	$ 10,000	$ 10,000
Capital pagado por encima del par	16,000	16,000
Ganancias retenidas	168,000	156,000
Total capital social	$194,000	$182,000
Total pasivos y patrimonio de los accionistas	**$340,000**	**$307,000**

Información adicional:

Dividendos declarados en 2006 . . . . $6,000

Precio de mercado por acción, 31 de diciembre de 2006 . . . . $14.50

Información de flujo de efectivo:

Efectivo de operaciones para 2006 . . . . $11,000

Efectivo pagado por gastos de capital para 2006 . . . . $19,000

*extraído de la *introducción al Análisis* de Estados Financieros (2003) por Albrecht página 224

Capítulo 6

Comparación de Análisis e Interpretación

La importancia de los estados financieros no está en la preparación, sino en la interpretación y el análisis. Esa presentación integral e inteligente de la información son los componentes del análisis y la interpretación que ayudarían a aquellos que se preocupan en hacer un juicio y la elección correcta. El análisis e interpretación del estado financiero definido por Robert H. Wessel es una técnica de rayos X de la situación financiera y el progreso de una empresa. El estudio de la relación existente entre varios datos financieros, tal como lo revela esa declaración única, y la observación de la tendencia de estos factores, como se muestra, es lo que conocemos como análisis financiero. El análisis implica una disposición concisa de los datos más la clasificación metódica de la información dada del estado financiero. También incluye esta división de hechos estructurada en esos planes definidos. Organizarlos en clases basadas en esas ciertas apariencias y forma para y mostrarlos de la manera más conveniente, simple y comprensible. Interpretación significa explicación, comprensión de la importancia de un dato de una manera muy simplificada. La interpretación incluye la realización de la conclusión, la rentabilidad, la solidez financiera, así como la eficiencia de un negocio. Es un arte que requiere mucho más que arreglos y análisis. La interpretación es muy diferente del análisis, y están relacionados. Sin embargo, no se puede realizar un análisis sin interpretación porque los datos de los estados financieros no son uniformes o totalmente iguales. Es por eso que el análisis requiere que usted reclasifique, reorganice y haga esa conexión entre ellos. La interpretación se encuentra en esa etapa concluyente, que se realiza a través de ese proceso de comparación. A veces podemos decir que tanto el análisis como la interpretación pueden ser lo mismo.

Existen varios tipos de análisis:

1. Análisis según el material en uso: en este aspecto, tenemos dos análisis diferentes

- Análisis externo: A veces, el análisis puede ser realizado por un organismo externo o alguien que no está de ninguna manera relacionado con la empresa o registros contables. Este forastero haría uso de las cifras del estado financiero y otros informes mensuales o anuales complementarios para obtener esos conocimientos básicos para la toma de decisiones adecuada y la representación financiera. Porque está hecho por un cuerpo externo de ahí el nombre. También es utilizado por personas externas como el banco, acreedores, agencias gubernamentales, prestamistas de dinero, y posibles inversores también.

- Análisis interno: Una persona que no está de ninguna manera relacionada con la empresa y no relacionada con los registros contables puede ser invitada a hacer un análisis. Es por eso que se conoce como análisis interno. Miembros de la preocupación como el personal del departamento de finanzas y contabilidad, ejecutivo, etc. para ayudar a la gestión de la empresa en la evaluación de la rentabilidad, así como la solvencia. Y para mostrar la razón de la debilidad de la firma. Lo hacen las personas internas de la firma en beneficio de la organización en general.

2. Análisis según Modus Operandi (también conocido como Método de análisis de operación): En este aspecto, el análisis financiero es de dos tipos

- Análisis horizontal: es cuando se interpreta y analiza el estado financiero de un año en particular. También incluye la comparación de un año con otro. Las peculiaridades, diferencias y tendencias se observarían entre ambos años.

- Análisis vertical: Se puede analizar el estado financiero de organización durante un período; se conoce como análisis vertical. Este tipo de análisis es muy útil para el estudio y la comparación entre empresas.

3. Análisis de acuerdo con los objetivos: El análisis del estado financiero podría ser a largo o corto plazo. Esto es de acuerdo con el objetivo de la firma en ese momento.

- El análisis a largo plazo: la solvencia financiera a largo plazo, la rentabilidad y la solvencia se estudian en el marco de esto. Este análisis ayudaría a la gerencia a determinar si la empresa puede ejecutar esos objetivos a largo plazo y aún así sobrevivir. Este análisis ayuda en la planificación financiera a largo plazo.

- Análisis a corto plazo: El análisis a corto plazo se utiliza para observar la solvencia financiera actual, la rentabilidad y la preocupación del negocio. Un análisis como este ayudaría a la dirección y a otros organismos interesados a saber si la empresa tendría fondos suficientes para cumplir con sus requisitos a corto plazo. También ayuda a hacer un análisis de capital de trabajo.

Hemos hablado sobre el tipo de análisis, y también hemos sido capaces de tocar las limitaciones del análisis de estados financieros. Sin embargo, es necesario que comprendamos el papel de los estados financieros en la exhibición de la visión verdadera y justa. Nos gustaría saber lo que se quiere decir ser *verdadero y justo punto* de vista incluso antes de pensar en decir que las cuentas publicadas no presentan ese punto de vista verdadero y justo. Según la Ley de la sociedad de 2013, el artículo 129 [1] la opinión verdadera y justa es que la presentación de activos y pasivos de manera correcta y precisa en lugar de la lógica del balance que se espera que presente ese beneficio y pérdida después de la precisión representación de las ganancias y pérdidas y después de esa verdadera conciliación de los ingresos correctos y los gastos correctos existentes en la cuenta de pérdidas y ganancias. Además, los estados financieros de cualquier empresa deben poder demostrar que se cumple la visión verdadera y justa cuando se cumplen las condiciones enumeradas a continuación:

- No se deben dejar de lado todos los ingresos y gastos durante ese período de contabilidad. Deben incluirse, y todos los gastos conexos deben coincidir adecuadamente con esos ingresos.

- Además, no debería haber ninguna reversión secreta.

- Al presentar la información, los principios y convenciones generales deben seguirse en todo momento.

- No debería haber espacio para vestirse de ventana. Esto significa que no importa qué, no debería haber ninguna razón para que usted muestre cualquier otra posición inflando el valor de los activos o restringiendo los pasivos.

- Que todos los hechos materiales, artículos inusuales y excepcionales deben ser divulgados.

- Los activos corrientes deben valorarse al precio de mercado de costes, mientras que los activos fijos deben valorarse al coste menos la depreciación.

Hay argumentos en contra de la noción de que el análisis *exhibe una visión verdadera y justa*

En primer lugar, los estados financieros pueden no mostrar la calidad de los hechos y las características presentes en ellos.

Cualidades como obsolesces de stock, la capacidad gerenciales, la disciplina, la eficiencia de los trabajadores e incluso la interrelación entre los trabajadores. Todo esto afecta al buen funcionamiento de la empresa y de la cuenta de una forma u otra. Y no se divulgan a través de estas cuentas o estados de cuenta. Además, los activos fijos siempre se registran a un coste histórico, no al precio de mercado actual. Esto significa que los activos revelados en el balance no mostrarían valores verdaderos. Además, los activos y pasivos que se muestran a esos precios adquiridos se registran en el Balance bajo el coste de adquisición. Los activos actuales se registrarían a valor de mercado y los pasivos se registrarían en el importe comprometido. Por lo tanto, el balance sería una mezcla de precios diferentes, y no se revelaría de acuerdo con el poder adquisitivo del dinero en esa fecha estipulada.

Los activos ficticios obviamente no tienen ninguna utilidad, pero se pueden registrar en el balance. El verdadero y justo punto de vista no puede ser revelado de esta manera. De hecho, muchos otros elementos como la estimación de la provisión de deuda sin dabo, la valoración de las acciones, etc. siempre se basan en la asunción, estimación o la discreción del contador y no en hechos reales de la empresa. Dado que el costo se mide al valor histórico y los ingresos se miden de acuerdo con unidades separadas, la cuenta de pérdidas y ganancias no presentaría el valor o la vista verdaderos y razonables. Conclusivamente, el estado financiero no divulga información no monetaria, y no presta atención a los cambios de precios.

Sin embargo, los estados financieros podrían exhibir la *visión verdadera y justa* si se cumplen las siguientes condiciones:

- El balance siempre debe mostrar que los activos son iguales al total de pasivos en ambos lados e incluso fuera en cualquier momento.

- Los elementos monetarios y no monetarios deberían estar en la misma unidad, y deberían expresarse cuantitativa y cualitativamente. De hecho, todos los elementos deben mostrarse en términos de dinero y deben estar sujetos a la comparación de propósito.

- Las empresas siempre asumen la continuidad para que el ajuste por pendiente, avanzado y devengo debe ser tenido en cuenta y considerado porque la cuenta publicada está obviamente preparada con respecto a estos cambios.

Estados financieros de tamaño común

Puede hacer uso de los estados financieros de tamaño común cuando desee realizar comparaciones a lo largo de varios años y entre empresas. La mayoría de las veces, los análisis de estados financieros se ven erróneamente como un montón o compilación de ratios e informes financieros. Sin embargo, el enfoque de las escopetas no nos lleva a ninguna conclusión tangible. En esta sección, vamos a discutir los estados financieros de tamaño común, cómo se pueden preparar y cómo puede hacer uso de ellos en la etapa completa.

El problema inicial que se encuentra cuando los datos comparativos están en uso para analizar el estado financiero es el problema de la escala y los tamaños. Una empresa tendría más ventas en un año que en años anteriores. Esto conduce a la expansión, y una empresa más grande tendría niveles de gastos y activos que son muy significativos en comparación con los niveles de la anterior. Además, una empresa puede ser de tamaño medio en una industria, y sus estados financieros no pueden compararse con los de las empresas más grandes. La solución más fácil y rápida para hacer esta comparación es dividir todos los números de estados financieros de ese año dado por el número de ventas que han tenido lugar ese año. Lo que obtienes de hacer esto se conoce como los estados financieros de tamaño común con todos los montos para ese año dado.

Declaración de ingresos de tamaño común para Microsoft

Microsoft Corporation
Declaración de ingresos
Por años terminados el 30 de junio
(en millones)

Año Terminado 30 de junio	2000	%	2001	%	2002	%
Ingresos................	22.956	100,0%	25.296	100,0%	**28.365**	100,0%
Costo de ingresos	3.002	13,1%	3.455	13,7%	**5.191**	18,3%
Bruto profit en ventas	19,954	86,9%	21,841	86,3%	**23,174**	81,7%
Gastos de funcionamiento:						
Investigación y desarrollo. .	3.772	16,4%	4.379	17,3%	**4.307**	15,2%
Ventas y marketing	4.126	18,0%	.885	19,3%	**5.407**	19,1%
Generala nd administrative . .	1.050	4,6%	857	3,4%	**1.550**	5,5%
Total de gastos de explotación .	8.948	39,0%	10.121	40,0%	**11.264**	39,7%*
Ingresos de explotación . . .	..11.006	47,9%	11.720	46,3%	**11.910**	42,0%
Pérdidas en el patrimonio neto						
inversionistas y otros	-57	-0,2%	-159	-0,6%	**-92**	-0,3%
Ingresos/pérdidas de inversión . .	3.326	14,5%	-36	-0,1%	**-305**	-1,1%
Impuestos sobre la renta antes de larenta .	14.275	62,2%	11.525	45,6%	**11.513**	40,6%
Provisión de impuestos sobre la renta .	4.854	21,1%	3.804	15,0%	**3.684**	13,0%
Ingresos antes						
Cambio contable	9.421	41,0%*	7.721	30,5%*	**7.829**	27,6%
Efecto acumulativo de						
cambio contable						
(neto de impuestos sobre la renta de $185)	—		-375	-1,5%	—	
Ingresos netos	9.421	41,0%	7.346	29,0%	**7.829**	27,6%

Nota: Debido al redondeo, los porcentajes no siempre suman exactamente. Este es un problema aritmético menor que no debería entorpecendo el análisis. (extraído de Introducción al análisis financiero por Albertch 2003)

La tabla anterior muestra los ingresos de tamaño común para Microsoft en el año 2002. Para revelar la eficiencia de la cuenta de resultados de tamaño común, tendríamos que obtener respuestas para la pregunta; es el beneficio bruto de Microsoft en 2002 demasiado bajo? Entonces también tendríamos que comparar el beneficio bruto de $21,841 en 2001 y el beneficio bruto de $23,174 en 2002. Sin embargo, si nos fijamos en la tabla, se dará cuenta de que las ventas en 2002 son más altas en ventas que en 2001. Por lo tanto, podemos inferir que el nivel absoluto de beneficio bruto en los dos años no se puede comparar con éxito. Pero si nos fijamos en la información de tamaño común, podemos ver que el beneficio bruto es del 86,3% de las ventas en 2001 también se puede comparar con el 81,7% en 2002. Además, la información de tamaño común muestra algo que no es obvio en los números sin procesar. En 2001 un artículo que va por $1 produjo un beneficio bruto promedio de 86,3 euros, y en 2002 un artículo que iba por $1 dio ese beneficio bruto de 81,7 euros. Es posible que en el año 2002, Microsoft obtuvo un beneficio bruto menor de cada venta en dólares. Sin embargo, se dará cuenta de que la situación empeora debido al beneficio bruto de 2002 de los programas de que hay una disminución del porcentaje de beneficio bruto del 86,9%.

Usted notará que todas las posiciones en la cuenta de resultados se pueden analizar de esa manera similar. Por ejemplo, si nos fijamos en la columna de 2002, verá que los ingresos antes de los impuestos eran del 40,6% en comparación con el 45,6% que teníamos ahora en 2001. Pero los gastos de explotación se mantienen constantes en porcentaje de 2001 a 2002 (40% frente a 39,7%) esto demuestra que no hay diferencia en los ingresos de explotación que se relacione únicamente con ese aumento del porcentaje de costos de ingresos del 13,7% al 18,3%. Podemos examinar las cuentas de resultados de esta manera con ese ingreso de tamaño común. Pero una pregunta debe sonar en su mente; *¿Cuál es exactamente la explicación de la caída del beneficio bruto de Microsoft desde 2002?* ¿Y cuál es la causa detrás del aumento regular de los gastos operativos? ¿Y cuál es el gran gasto de operación? El análisis rápido que hemos podido hacer con respecto a la cuenta de resultados de Microsoft ha sido capaz de señalar aquellas secciones principales donde Microsoft experimentó una enorme transformación de la cuenta de resultados en los últimos dos años. Sin embargo, la única buena manera de saber por qué los números en el cambio de estado financiero son obtener información más allá del estado financiero. ¿Cómo puedes hacerlo? Usted pregunta a la gerencia, y lee comunicados de prensa, también puede hablar con otros analistas financieros que están siguiendo a esa empresa o empresa. También puede ir más allá profundizando en las notas de los estados financieros. La verdad es que los estados financieros no le darían las respuestas finales; sólo sugeriría el tipo de preguntas que debe hacer y le señala a dónde encontraría respuestas.

No debemos olvidar el balance de tamaño común que se puede organizar haciendo uso de los activos totales en una oferta para estandarizar esos importes en lugar de las ventas totales. En este caso, los porcentajes de activos son esa buena indicación de la mezcla de activos de la empresa. El balance de tamaño común muestra cada importe como ese porcentaje de ventas para ese año.

Declaraciones comparativas

Al comparar los valores de la cuenta de pérdidas y ganancias y el balance preparado, tiene un extracto comparativo. Se proporcionan dos columnas para las cifras del año en curso y de los años anteriores, cuando se realiza la comparación. Debido a esto, nos resulta posible averiguar no sólo los saldos de las cuentas en varias fechas y el resumen de otras actividades operativas en diferentes tiempos, sino que también podemos afirmar que el grado de aumento o disminución existente entre los especificados Fechas. Las cifras de las declaraciones comparativas se utilizan para detectar la dirección de los cambios y las tendencias en los diferentes punteros del rendimiento de la organización. En caso de que desee preparar declaraciones comparativas, puede hacer uso de los siguientes pasos:

1. Enumere esas cifras absolutas en cualquier moneda (utilizaríamos $ aquí) relacionadas con los dos puntos de tiempo, como se muestra a continuación.

2. Busque el cambio en las cifras absolutas eliminando el primer año del segundo año y muestre el cambio como aumento o disminución poniendo (+) o (—) por adelantado.

3. Por último, debe calcular el cambio porcentual y colocarlo en la última columna.

Fórmula para calcular el cambio porcentual:

<u>Aumento o disminución absoluta</u> X 100
  Cifra absoluta del primer año

particularidades	Primer año	Segundo año	Aumento absoluto (+) o Disminución (-)	Porcentaje de aumento (+) o Disminución (-)
1	2	3	4	5
	$	$	$	%

Tomemos este ejemplo: Utilice la siguiente declaración de ganancias y pérdidas para preparar una declaración comparativa de ganancias y pérdidas para ARP Co.

Particularidades	Nota No.	2012 – 2013 $	2013 – 2014 $
i. Ingresos de operaciones internas		60,00,000	75,00,000
ii. Ingresos de otras fuentes		1,50,000	1,20,000
iii. Gastos		44,00,000	50,60,000
iv. Impuesto sobre la renta		35%	40%

Aquí es cómo hacer esa solución rápida para la información proporcionada anteriormente.

Declaración comparativa del beneficio y las pérdidas del año terminado el 31 de diciembre de 2014

particularidades	2012-2013	2013-2014	Aumento absoluto (+) o Disminución (-)	Porcentaje de aumento (+) o disminución (-)
	$	$	$	$
i. Ingresos por operaciones	60,00,000	75,00,000	15,00,000	25.00
ii. Además: Otros Ingresos	1, 50,000	1,20,000	(30,000)	(20.00)
iii. Ingresos totales I +II	61,50,000	76,20,000	14,70,000	23.90
iv. Eliminar gastos	44,00,000	50,60,000	6,60,000	15.00
v. Beneficio antes de impuestos	17,50,000	25,60,000	8,10,000	46.29
vi. Menos impuestos	6,12,500	10,24,000	4,11,500	67.18
vii. Beneficio después de impuestos	11,37,500	15,36,000	3,98,500	35.03

Capítulo 7

Contexto del Análisis Financiero

Hemos podido explorar ese amplio trasfondo de análisis financiero, y también hemos visto la descripción común de algunos estados financieros, resultados y valores desde un punto de vista diferente, es fundamental que seamos capaces de proporcionar el contexto para que utilizar el material de este libro de la manera adecuada. El contexto del análisis financiero reforzado los puntos que hemos podido hacer antes.

Rápidamente, proporcionaría una tabla que muestra los diferentes objetivos del proceso de análisis financiero/económico a diferentes individuos:

Gestión financiera	Análisis de Inversores	Economía gerenciales
Determinación del beneficio	Datos e información financieros	Actividad económica
Reconociendo los ingresos El reconocimiento de gastos Asignación de costes Definición del beneficio	Procedimiento de ajuste Análisis de tendencias Proyección de beneficios Predicción de flujo de efectivo	El análisis de tareas Asignación económica Análisis contributivo Determinación de la compensación
Determinación del valor	**Comparación de datos e información**	**Eficiencia de la ingeniosidad**
Costo en tiempos pasados Conservadurismo Equidad como valor residual Reconociendo la contingencia	Análisis de la industria Análisis de otros competidores Condiciones económicas Zonas de ajuste	Las bases de inversión Inversiones de capital Recursos humanos Desinversiones de capital también
Determinación de impuestos	**Evaluación del mercado**	**Creación del valor para los accionistas**
Requisitos para datos legales El tiempo de ingresos y gastos Preocupación por la gestión tributaria Declaración de ajustes	Que los patrones de precios compartidos Las tendencias del mercado Modelos de mercado Los impulsores del valor	Los hábitos de flujo de efectivo. El costo de capital Anticipación de los inversores Valor comercial continuo

Los gerentes o analistas participan en un tipo diferente de análisis financiero/económico. Tienen cosas específicas/propósito en mente al hacer esto. Durante ese procedimiento de análisis financiero o análisis especiales, así como el control de la base de datos, se examina otra información procedente de varias fuentes no indicadas en los estados financieros con el fin de obtener ese juicio razonable sobre el pasado, el actual y el condiciones de negocio y su efecto en su gestión.

Debemos ser capaces de observar que no sólo un individuo que realiza ese análisis e interpretación tiene ese propósito o perspectiva, sino que también prepara a los proveedores de estos varios tipos de información para donde se basa el análisis. Tomemos, por ejemplo, y mencionamos que durante el análisis de los estados financieros se mencionaron las normas y principios contables que regulan la compilación de estos documentos y que deben permitir el flujo de sesgos específicos. Esto significa que el analista seguramente explicaría todos estos principios y regulaciones incluso cuando esté dando su punto de vista sobre el estado financiero. Esto no significa que el estado financiero esté completamente equivocado o completamente equivocado para tener algunas etapas o procedimientos aclimatados para adaptarse al propósito del análisis. El cuadro anterior muestra que la visión general de los objetivos fundamentales de los principales procedimientos financieros/económicos como ese contexto para asegurarse de comprender las diferencias en la generación de datos, así como la coordinación analítica implicada en lo siguiente:

- Contabilidad financiera

- Análisis de inversores

- Funciones económicas del gerente

En la tabla, hemos podido ver los procesos anteriores como objetivos u objetivos que tienen información y datos diferentes pero frecuentemente extraídos. También debemos tener en cuenta la perspectiva y el enfoque de procesos como estos cuando la información se comparte entre ellos, o se intercambia para su uso por cualquiera de los organismos mencionados. Nuestro mayor objetivo es analizar y juzgar ese problema de negocio, así como la eficiencia de la empresa y el valor del accionista a través de términos económicos que necesitarían que ajustar esos datos cuidadosamente y requeriría análisis porque necesitamos ver algunos diferentes objetivos en mente.

Se hace más hincapié en los objetivos de la contabilidad financiera e incluso en el análisis de inversores en este libro porque ese es el quid de la cuestión. Sin embargo, no debemos olvidar que la economía gerenciales también se considera como una parte fundamental del análisis financiero general. A pesar de que hay diferencias obvias entre estas áreas, entendemos que la mayoría de los datos disponibles provienen del lado izquierdo de la tabla por la contabilidad financiera, mientras que el lado derecho también muestra otra parte donde puede obtener sus datos. Además, la base de datos que cubre el mercado de valores e incluso la actividad económica está en el medio.

Para la contabilidad financiera, tenemos tres objetivos principales regulados por estándares profesionales específicos y regulaciones de la SEC también:

- La determinación del beneficio es lo primero,

- A continuación está la determinación del valor

- Seguido de la determinación fiscal.

Para la determinación debeneficios, nos centraríamos en identificar cuándo se obtienen ingresos durante ese período especificado, y seguramente determinaría cómo se realiza el costo de conciliación, así como los gastos. Además, debemos tener esa clara división entre lo que debe trazarse entre el registro de los ingresos y los gastos que implica una transacción y el recibo real o el desembolso de efectivo también. Una situación como estas puede no llegar en la fecha especificada, y puede haber retraso según días o meses. Asimismo, el coste incurrido en el pasado debe asignarse a aquellos períodos actuales o futuros que tengan los objetivos de determinación de la cifra de beneficio que deben ser equivalentes también a los únicos ingresos y gastos reconocidos. Este proceso de asignación comparable podría funcionar para el costo futuro previsto e incluso los períodos actuales prorrateados. Asignaciones como estas tienen ese efecto importante en el análisis de flujo de efectivo.

La determinación del valor: Esto se basa en los principios firmemente situados del costo histórico e incluso el concepto conservador que hace uso de la evidencia real de la transacción como ese indicador de valor. Si los valores económicos de los activos adquiridos en el pasado cambian, es necesario que ajustemos esos valores incluso después de que disminuyan. Hacemos esto para las cuentas por cobrar que se han vuelto incobrables, o se han convertido en inventarios donde el valor de mercado tendría que ir bajo por debajo del costo. Sólo podemos notar los aumentos cuando los activos se venden no cuando los tenemos. Podríamos tener un valor residual del negocio que no está registrado en el libro de acciones o libro de valor. Esto requiere que, con el tiempo, el oso y sólo necesite que se asemejen al valor del mercado de renta variable, así como al valor económico. Además, ese creciente protagonismo en la realización de esas grabaciones de la eventualidad de todo tipo en el segmento de pasivo del balance demostraría si hay algún sesgo negativo en ese valor, ya que sólo deben establecerse pasivos potenciales, no el potencial Beneficios. Un muy buen ejemplo sería naciones a largo plazo, así como obligaciones de prestaciones más los posibles pasivos resultantes de todos los tipos de operaciones, así como una disputa legal que pueda querer surgir en el futuro. En general, se reservan pasivos agradables como estos para el patrimonio de los accionistas, reduciendo aún más el valor contable registrado de esas acciones.

Si bien la apreciación de activos como la tierra, los edificios, los recursos naturales, así como las tecnologías e incluso las patentes no se reconocen hasta que no hay necesidad de que sean puede causar tanto destroz o la apreciación del análisis financiero, la ola de en los últimos veinte años sólo ha demostrado que el análisis del balance de algunas empresas especificadas siempre revela una enorme cantidad de beneficios potenciales no registrados que podrían haberse convertido en efectivo de la ruptura final de la empresa y podría haber sido para pagar la adquisición de la empresa.

La determinación fiscal está regulada por los requisitos legales del código actual del impuesto sobre la renta que exige la mejora de los principios del código del impuesto sobre la renta, que la mayoría de las veces necesita principios modificados para el reconocimiento de ingresos y gastos e incluso desautorizaciones de algunos costo y gastos con el fin de ascender a un conjunto diferente de libros. El momento del reconocimiento de los ingresos siempre se ve acelerado por las normas fiscales en comparación con el momento o los efectos en comparación con el retraso y el gasto del reconocimiento que sigue a esas normas de contabilidad financiera. Normas como estas están claramente diseñadas para mejorar esos ingresos fiscales para el gobierno y otros organismos reguladores. La diferencia existente entre la contabilidad financiera con fines de presentación de informes justos contra cuestiones de contabilidad de impuestos resultaría en disputas de gestión tributaria que requieren que minimice legalmente los impuestos en las empresas, así como en otras industrias donde la cantidad que es implicados podría ser lo suficientemente importante como para influir en las decisiones sobre inversiones y operaciones con financiación. Desde la perspectiva del análisis financiero, la pregunta más importante que debemos hacernos es esta; *¿Cómo influye la contabilidad fiscal en los estados financieros que se utilizan para el análisis?* La mayoría de las veces, el importe de los impuestos que se remiten puede ser totalmente diferente del que se registró en la cuenta de resultados y el ajuste a este error siempre se realiza en el balance para que la situación vaya bien.

Para el análisis de inversores, hablaríamos de tres objetivos que pasan por sus mentes cuando están haciendo esas evaluaciones:

- Interpretación de la información financiera

- Hacer uso de los datos comparativos

- Evaluación de los mercados financieros.

La interpretación de la información financiera básicamente conduce a acceder a los estados de cuenta y otros datos financieros de una empresa para poder proyectar su desempeño y estimar su valor. El juicio fundamental se centra en el proceso de ajuste a través de los datos contables notificados modificados o reestructurados en dicha formación, lo que permite la evaluación económica y de flujo de caja. Sólo en raras ocasiones los datos financieros que generalmente se proporcionan se utilizan en sus formas naturales para proporcionar esos juicios o preferencias analíticos particulares. Hablaríamos de las proporciones y sus aplicaciones a medida que avanzamos. Pero debemos saber que estas proporciones siempre conducen a un ajuste fino o modificación durante el proceso de análisis.

El análisis de tendencias hace uso de diferentes datos ajustados para buscar y realizar todos los análisis que son necesarios para cambios importantes en la relación de magnitudes y ratios a lo largo de ese tiempo. Se convierte en lo básico necesario para una previsión de beneficios. Por último, el ajuste definitivo que conduce a esa comprensión adecuada del patrón del flujo de caja neto que sólo crea el negocio, pero requiere que la proyección real de estos flujos de efectivo como signos de funcionamiento económico esperado y colocación de valor.

Para los datos comparativos, son necesarios para esa parte fundamental del análisis financiero, ya que ayudarían a poner la interpretación hecha sobre una empresa o empresa en la perspectiva correcta. Esto deduce que todo el juicio que se hace sobre el rendimiento y el valor tienen estándares relativos y diferentes percepciones del analista. Existen datos comparables que se utilizan para ayudar a confirmar o criticar este juicio. Para el análisis de la industria, las empresas seleccionadas que tienen agrupaciones similares tendrían los ratios compilados que generalmente están disponibles en la base de datos en línea que se medirían con los atributos de otras empresas que se estudiarían entre esa Divisiones.

El análisis de la competencia elige los mismos principios que funcionan para empresas individuales o divisiones de empresas que se centrarían completamente en esas cuestiones de negocio directo. Las condiciones económicas y la dinámica comparativa de estos mercados siempre se presentan a su análisis como un trasfondo para explicar las diferencias pasadas y como guía para la proyección normal de la eficiencia y el valor futuros. Tampoco debemos olvidar el análisis de mercado que requiere que el estudio y la estimación de un patrón de precios de las acciones de la empresa y de los competidores en comparación con las tendencias relativas en el mercado de valores o en el entorno económico general y político en lieu con esas industrias y factores específicos de la empresa. El análisis financiero se convierte en ese puente existente entre los estados financieros publicados y las tendencias del mercado de valores en este momento. Demostraría que el valor económico de la empresa. Además, el analista se centraría en aquellos factores de valor que trabajan detrás de la escena del valor de mercado y las acciones que son las variables económicas básicas y los precios de las acciones que se mueven de simulaciones informáticas complejas en un intento de descubrir el actual y potencial valor para los accionistas causado por ese flujo de caja anticipado de la empresa.

La economía gerenciales se compone de tres objetivos básicos. Estos son los objetivos que afectan al contexto del análisis financiero; son:

- Establecimiento de la actividad económica

- Construir ese valor para los accionistas

- Determinar el valor de los accionistas.

Las tres áreas enumeradas anteriormente entran en la categoría de información económica, y la dirección puede hacer uso de estas decisiones para mejorar el valor de los accionistas. Esto significa que la orientación de la economía gerenciales se uniría estrechamente con el propósito básico, así como con el análisis económico del mismo modo que tenemos la capacidad de definirlo aquí. El tercer objetivo plantea la cuestión; *¿la empresa, la empresa o la empresa crean ese valor razonable para sus propietarios?*

La economía de la actividad incluye que los términos resumidos para diferentes tipos de procesos y procedimientos que definirían y establecerían los datos económicamente relevantes y para describir y juzgar el atractivo relativo, así como cualquier otro aspecto operativo de un negocios y esos segmentos. En medio de todas estas tareas se analizan los importes utilizados para determinar ese verdadero coste económico, así como el coste de la tarea, ya sea en el aspecto funcional como la compra o los servicios jurídicos que pueden ser áreas de venta. Podemos hacerlo reconociendo y midiendo la serie de pasos que se necesitan para dar ese servicio o esa fase para un proceso de fabricación y también para crear los recursos utilizados directa o indirectamente con cada caso. El proceso analítico de este tipo se sabe que se basa previamente en la actividad y la contabilidad. Esto va mucho más allá del costo de los principios contables. Procedimientos como estos siempre quedan por debajo de esa adecuada asignación económica y de los recursos utilizados conjuntamente que siempre se describen y organizan en todos los aspectos que requieren actividad o tareas.

Para el análisis de contribución, se referiría a la diferencia existente entre los ingresos y otros costes económicos indicada en esa línea de negocio determinada o ese producto o servicio concreto. Información como esta se daría a partir de una contribución económica y ayudaría a la dirección a elaborar planes que incluyan todas las demás actividades que establezcan ese valor económico durante ese largo período de tiempo. Las decisiones que siempre tomaríamos requerirían esas compensaciones económicas que se basan en datos específicos que no incluyen esa información y gestión. Hacer uso de estrategias basadas en la actividad que podrían monitorear y ajustar la cartera de los productos y servicios es también otro componente de este objetivo de análisis.

La eficacia de los recursos aborda esas importantes cuestiones de la eficacia del punto de vista económico y de los recursos empleados por esa empresa que actualmente se están utilizando o que se utilizarían en el futuro. Este proceso contiene varios rendimientos de medición, así como la inversión existente basada en los indicadores y la justificación económica, así como las nuevas inversiones de capital o las desinversiones de capital. La creación del valor de los accionistas debe tener el objetivo final de esa dirección, que se puede medir por ese medio de esa combinación del pasado y los comportamientos de flujo de efectivo proyectados. El costo del capital para esa empresa en particular y la rentabilidad global incluida deben contener algunas expectativas de los inversores para el tipo de negocio requerido. En esencia, la creación de valor para los accionistas debe hacerse tangible en la expresión del riesgo y recompensar la compensación y los inversores que tienen que juzgar al invertir en el capital de la empresa. La dirección tiene que evaluar todas las veces en las que las expectativas de flujo de efectivo de las estrategias que se emplean o que probablemente se utilizan para servir a los inversores interesados mediante la creación de ese accionista adicional y el valor. El contexto del esfuerzo analítico debe ser fundamental para concentrarse con éxito en el problema o en el problema que debe resolverse mediante ese análisis. El proceso de pensamiento fundamental para el análisis estaría dirigido a asegurar la coherencia durante los objetivos y los datos que las fuentes y los procesos utilizaron.

Capítulo 8

Análisis del Riesgo
Financiero Corporativo

Primero, tendríamos que introducir el concepto de *riesgo*. ¿Qué es el riesgo? Según la terminología oficial del CIMA, 2005. «El riesgo es una condición en la que existe una dispersión cuantificable en los posibles resultados de cualquier actividad. Se puede clasificar de varias maneras. La Federación Internacional de Contadores en 1999 definió el riesgo en cuanto a los "eventos futuros inciertos que podrían afectar el logro de los objetivos estratégicos, operativos y financieros de la organización.

Ese proceso de comprensión y gestión del riesgo que es inevitable sin duda conduciría al tema de intentar alcanzar esos objetivos de cooperación en el momento adecuado. El riesgo se divide principalmente en diferentes categorías para el aspecto gerenciales como el cumplimiento operativo, financiero, legal, incluso la información y el personal. La gestión del riesgo financiero es un campo muy grande que tiene componentes diversos y en evolución que pueden verse por su desarrollo histórico e incluso los mejores hábitos actuales.

Un muy buen componente de la gestión de riesgos es; medición del riesgo. Porque es lógico decir que la gestión tiene que ver con la medición. La medición de ese activo financiero devolvería esas volatilidades y observa las correlaciones existentes. Las clases de activos, los períodos de tiempo e incluso los países que se enfrentan a las consecuencias de sus acciones o las garras del riesgo se enfrentarían a ese efecto duradero de la crisis financiera. Esta volatilidad variable en el tiempo es lo que llamaríamos *riesgo* más adelante en este capítulo. Sin embargo, el campo de la econometría financiera ha dedicado una atención razonable a estas vitalidades que varían en el tiempo y a su asociación. Han sido capaces de encontrar herramientas que ayudarían a los analistas de negocios durante el análisis e incluso el modelado, así como la previsión. Dicho esto, sabemos que el riesgo tiene esa importancia primordial para las organizaciones tanto que las empresas deben estar listas para identificar, evaluar, informar y gestionar todo tipo de riesgos para tener ese procedimiento de toma de decisiones interno y externo mejorado.

El riesgo se divide en varios segmentos y secciones, todos basados en el contexto empresarial e incluso en los organismos empresariales, así como en convenciones y estudios financieros. La clasificación de Riesgo aquí es de acuerdo con la Terminología Oficial del *CIMA:*

Riesgo comercial o operativo

Esto tiene que ver con aquellas actividades que incluyen los componentes de esa entidad procedentes de la estructura, los

sistemas e incluso las personas, así como el producto y los
procedimientos.

Riesgo segúnel país

Sí, el riesgo podría ser político, económico e incluso sociocultural
porque el entorno tecnológico puede afectar al negocio e incluso a
las formaciones legales.

Riesgo financiero

Esta es nuestra preocupación; se refiere a las operaciones
financieras de dicha entidad, y comprende lo siguiente:

- Riesgo de crédito: Si una parte no paga o no realiza
  actividades de acuerdo con los términos del contrato, nos
  enfrentaríamos a un riesgo de crédito.

- Riesgo monetario: Ese valor del instrumento financiero
  podría disminuir debido a las desviaciones existentes en los
  tipos de cambio.

- El riesgo de los tipos de interés: Los cambios en las tasas de
  interés también es un tipo de riesgo que seguramente
  influiría en el bienestar financiero de ese negocio.

- Liquidez y riesgo de financiación: Esta es una entidad que
  causaría esa dificultad cuando no se realizan activos, o los
  fondos son difíciles de recaudar debido al hecho de que no
  se cumplen los compromisos financieros.

Riesgo reputacional

Una empresa o empresa podría dañar su reputación debido a los problemas de no gestionar otro riesgo. Lo que esto significa es que el riesgo externo podría afectar el riesgo interno del negocio. Es seguro decir que el riesgo afecta el riesgo.

Riesgo estratégico

Estos son riesgos que vendrían de la estrategia de negocio. Este tipo de riesgo puede causar tantos estragos porque es la amenaza más pesada a la estrategia de logros empleada por esa entidad.

El riesgo se puede ver de diferentes maneras. Collier y Agyie-Ampomah (2006) hicieron algunos puntos dignos de mención.

- El riesgo puede ser visto como un peligro o amenaza, así como un riesgo a la baja: esta definición es utilizada principalmente por los gerentes cuando están hablando de riesgo de entidad. Lo llamamos ese evento negativo o amenaza para el buen funcionamiento de la organización. En este contexto, podemos decir que gestionar el riesgo sólo podría significar que estamos haciendo uso de técnicas para reducir esa probabilidad o efecto de estos eventos negativos sin autoinfligir estragos en otras bridas comerciales.

- Podemos ver el riesgo como incertidumbre: Esta perspectiva es vista por la *Terminología Oficial*delCIMA. El riesgo se considera como esa distribución de todos los

resultados posibles que pueden ser positivos o negativos.
Si los riesgos se gestionan en este contexto, tendríamos
que reducir esa varianza existente entre los resultados
esperados y los resultados reales.

• Por último, el riesgo puede ser visto como una
oportunidad: Sí, una oportunidad, esto es lo que
conocemos como el riesgo al alza. Tomar ese riesgo
podría ser la oportunidad que su negocio necesita o que se
disparó en la transformación.

Riesgo Management existente en la práctica

Es fundamental aquí que indiquemos que los riesgos no siempre se
ven o miden de la misma manera. El apetito por el riesgo y la
cultura del riesgo servirían de criterio para comprender las
características de la gestión del riesgo.

El apetito de riesgo es la cantidad de riesgo que una empresa,
empresa, empresa u organización está lista para aceptar durante esa
búsqueda de valor. Este apetito se relaciona fuertemente con la
estrategia de las organizaciones y definitivamente podría utilizarse
para expresar esa estabilidad entre el riesgo, el crecimiento y el
retorno.

Un conjunto de actitudes, valores y prácticas compartidas que se
caracterizan por cómo una empresa, empresa, empresa o entidad
considera el riesgo en sus actividades diarias se consideran como
cultura de riesgo. La cultura de riesgo se deriva de la organización y
las prácticas de análisis. Todo tiene que ver con las recompensas

por asumir riesgos o el comportamiento de evitar riesgos y cómo afecta a la empresa.

Existen varios enfoques para gestionar el riesgo. Diferentes marcos, principios e incluso perspectivas que incluyen lo siguiente, pero no se limitan a esta lista:

1. Haciendo uso del libro Naranja del HM Treasury

2. Utilizando el estándar AIRMIC, ALARM, IRM Risk Management

3. Es posible que desee ir con el ciclo de gestión de riesgos del CIMA

4. Estándares Australia AS/NZS Estándar para la Gestión de Riesgos

5. Por último, es posible que desee ir con el comité de organizaciones patrocinadoras conocido como el Marco ERM (COSO)

Un enfoque genérico para gestionar el riesgo

La evaluación del riesgo comprende esos análisis y la evaluación del riesgo mediante los procedimientos de identificación, así como la descripción y estimación.

La identificación tiene como objetivo establecer la vulnerabilidad organizativa a la incertidumbre. Esto requeriría ese conocimiento completo de la estrategia, los productos/servicios y el mercado de la empresa, además de los factores jurídicos, sociales, políticos y económicos que existen en ese entorno tecnológico especificado.

La identificación tiene que ver con ese enfoque metódico, que se aseguraría de que se han detectado las actividades significativas dentro de esa organización y se especifica todo el riesgo derivado de esos procedimientos. Los siguientes son métodos para identificar el riesgo:

- Talleres de riesgo

- Usando el escenario o el análisis *what if*

- Benchmarking

- A través de las consultas de las partes interesadas

- Causas y sus diagramas de implicación

- Auditoría de la empresa, así como inspección

- Métodos de investigación que pueden emplearse como encuestas, entrevistas, etc.

Después de identificarse, describiría este tipo de riesgo. ¿Cómo puedes hacer esto? Muestra el riesgo identificado en ese formato estructurado haciendo uso de una tabla para simplificar la descripción y el análisis del riesgo.

La siguiente es la estimación. Esto tiene que ver con la cuantificación o la semicuantificación en formas de probabilidad y ocurrencias y sus efectos. Estimar el riesgo requiere que usted acceda al efecto de cada riesgo. Puede hacer esto haciendo uso de varias herramientas como; probabilidad; planificación de escenarios; simulaciones que implicarían la simulación de hoja de cálculo de Monte Carlo; modelado de opciones reales; árboles de decisión; análisis de sensibilidad; dibujo de riesgo; implicación estadística; Análisis SWOT o PEST, así como análisis de causa raíz, análisis de implicación de beneficio/riesgo e incluso el análisis de confiabilidad humana. El dibujo de riesgos o la asignación de riesgos parece ser la herramienta más utilizada para analizar el riesgo. Este mapeo tendría que incluir la matriz de oportunidades o posibilidades y efectos/consecuencias.

No estaría bien si no hablamos del registro de riesgos. Es ideal para que la organización mantenga registros sobre el riesgo y cómo el riesgo ha sido capaz de ayudar a la empresa o no. Los siguientes son los componentes del registro de riesgos; un número de identificador único, descripción del riesgo, la fecha en que se detectó el riesgo y por quién, la categoría de riesgo y otros datos posibles que tiene que ver con la probabilidad o consecuencias de estos riesgos. También puede incluir cómo el riesgo afectó a otros riesgos y cómo influyó en la estimación monetaria.

Las directivas de gestión de riesgos son determinadas por la organización involucrada. Se obtiene de las respuestas y el comportamiento que exhibe la organización. Incluye todos los componentes del apetito de riesgo y cómo ha sido capaz de influir en el tamaño y tipo de organización. Incluye también la cultura de riesgo y esa capacidad que la organización tiene para soportar los impactos de eventos adversos.

Por lo tanto, hemos sido capaces de identificar el riesgo, ¿cómo respondemos a ese riesgo? ¿Qué es la respuesta al riesgo o el tratamiento de riesgo? Este es un procedimiento utilizado en la elección de las medidas adecuadas para controlar el riesgo. Es el desafío al que se enfrentarían los gestores de riesgos en otros decidir qué cartera es adecuada para esa estrategia coherente e integrada de manera que la estrategia permita que el riesgo restante entre en ese nivel aceptable de vulnerabilidad.

Es fundamental aquí que entienden el hecho de que no hay una respuesta completamente correcta al riesgo. Esa elección de la respuesta al riesgo dependería únicamente de cuestiones o factores existentes que ya están presentes en la organización como el apetito de riesgo de las empresas o el impacto del riesgo anterior y cómo ha sido capaz de causar muchos problemas o éxito en el pasado.

Sin embargo, la respuesta al riesgo se enmarca en uno o algunos de los siguientes:

1. Evitar riesgos: Es cuando se toman medidas para detener las actividades que resultarían en riesgo, actividades como; línea de productos, mercado geográfico o establecimiento de una unidad de negocio no se consideran porque resultarían en riesgos. Esta respuesta a mí es una respuesta cobarde y mantendría el negocio estable, funcionando hasta que termine.

2. Reducción del riesgo: De acuerdo, queremos correr el riesgo, pero no queremos que sea demasiado porque estaríamos muy tristes si nos golpea más allá de lo que podemos tomar. Bajo este procedimiento, se toman medidas para mitigar el riesgo de probabilidad o el impacto del riesgo y siempre se regulan a través de controles internos.

3. Transferencia o reparto de riesgos: Es cuando se toman medidas deliberadas para alejar una parte del riesgo de modo que el negocio pueda estar libre del efecto adverso en el futuro. La mayoría de las empresas lo hacen a través de seguros, externalización o incluso cobertura. Estos individuos aquí están diciendo; *Bien, queremos correr el riesgo, pero no querríamos todo.*

4. Aceptación de riesgos: aquí están los testarudos. *Tráelo; no nos importa lo que pase.* No se toma ninguna medida para cambiar o reducir ese efecto o impacto del riesgo.

Si una empresa quiere hacer cumplir las respuestas de riesgo, debe haber sido capaz de desarrollar ese plan de riesgo, esbozar ese proceso de gestión que se utilizaría para asegurarse de que el riesgo de oportunidad a un nivel está bien establecido por el apetito de riesgo y la cultura de la organización también. Una parte fundamental de la respuesta al riesgo es asegurarse de que haya un seguimiento continuo que muestre la eficacia, el rendimiento o las respuestas al riesgo.

Hay dos áreas principales de informes de riesgos, que incluyen:

1. Informando a esa audiencia externa. En los últimos cinco años, los informes de riesgos externos se han desarrollado rápidamente. Tenemos el Código Combinado de Gobiernos Corporativos, que llama la atención sobre el control interno del riesgo en el Reino Unido. La Declaración de Informes de la Junta de Normas contables ha propuesto que es obligatorio que las empresas incluyan la revisión de riesgos en su informe anual a través del organismo de revisión operativa y financiera (OFR).

2. Reportar riesgos a una audiencia interna. Cuando se espera que se tomulen decisiones internas, también debe revelarse información que muestre la gestión del riesgo y el riesgo. Esto ayudaría a la dirección a poder incluir evaluaciones de riesgos en sus procedimientos operativos y de inversión de capital, también podrían revisar los resultados y también recompensar las medidas adoptadas.

Cuando se utilizan el riesgo bruto (la evaluación del riesgo antes de la gestión o el control del riesgo) y el riesgo neto (que es la evaluación del riesgo cuando se han aplicado procedimientos para controlar el riesgo o las respuestas) para poder producir esa revisión de esa respuesta al riesgo o eficacia, así como las posibles opciones o procedimientos de gestión que tenemos lo que se conoce como informes de *riesgo residual.*

Varios desarrollos en la gestión del riesgo siguen llegando todos los días. El mundo de los negocios no es estático, y también deberíamos ser capaces de actualizar nuestra información. Generalmente, la visión tradicional sobre la gestión de riesgos es que hacemos uso de este procedimiento para proteger a la empresa de la pérdida a través de procesos de conformación y técnicas de cobertura. Todas las técnicas aquí tienen que ver con evitar ese procedimiento a la baja. Sin embargo, el nuevo método de gestión de riesgos implica *buscar la ventaja mientras se regula esa desventaja.* El proceso de gestión de riesgos puede combinar las dos vistas del rendimiento y la conformidad.

La *Federación Internacional de Contadores (1999), Enhancing Shareholder Wealth by Better Managing Business Risk* pudo dar la definición de conformidad como esa regulación del peligro, así como una amenaza que conocemos como la desventaja. La conformidad implica esa línea de pensamiento de que *suceden cosas malas.* Por otro lado, el rendimiento implica la oportunidad de retorno (también conocida como upside). El rendimiento se basa en la idea de que las cosas buenas *podrían no suceder.*

La gestión de riesgos de clase mundial tendría esa estructura o marco de gestión de riesgos que debería ayudar a facilitar la detección y la comunicación de estas eminentes amenazas conocidas como riesgos. Además, se deben utilizar recursos para reforzar los procedimientos o planes eficaces de gestión de riesgos. Además, debe reforzarse la cultura de riesgo de esa empresa en particular para asegurarse de que los procedimientos de toma de decisiones empleados en la dirección sean firmes. Por último, las herramientas y técnicas utilizadas deben reforzarse con la coherencia de la dirección.

Capítulo 9

Análisis de Ratios Financieros

El análisis de atio tiene que ver con esa construcción de ratios que hacen uso de un elemento o procedimiento particular a partir de esos estados financieros de manera que ayude a detectar la fortaleza y la debilidad de la empresa.

Si está pensando en un análisis que le ayudaría a medir el funcionamiento relativo de diferentes medidas financieras que describirían el estado financiero de la empresa. Hacer uso de las relaciones le proporcionaría esa medida estándar, que es muy fácil de interpretar. Tomemos aquí un ejemplo muy práctico. Usted va a la tienda de comestibles para comprar una caja de cereales de excelente calidad. 10 onzas va por \$3.20 mientras que el más grande que es una caja de 15 onzas va por \$4.50. ¿A cuál de ellos irías? Es lógico que mire el precio de cada caja para comparar la cantidad con el contenido. Pero no puedes basar tu juicio en eso porque incluso la caja cara tiene más contenido. Por lo tanto, una rápida allí, si dividimos el precio obtenido de cada caja por la cantidad de cereal en esa caja, nos gustaría obtener algo así como \$3.20/10 oz. \$ 0.32 por cada onza y la caja grande sería \$0.30 por cada onza (\$4.50/15 oz). Lo que esto significa es que la caja más grande le cuesta menos por más contenido. Con este ejemplo, vería que hay tanta potencia en el análisis de relaciones. Nos encontramos con datos o casos como la caja de cereales en los estados financieros de una empresa que sería mosunible sin confianza porque entendemos plenamente el principio del análisis de la relación.

Es importante tener en cuenta que hay varias fuentes, pero están bajo nombres diferentes o definiciones diferentes. Hablaríamos de diferentes proporciones en este capítulo. Empezaríamos primero hablando de algunos ratios financieros fundamentales que no se pueden borrar cuando se trata de análisis financieros. En general, podemos agrupar los ratios financieros en cinco categorías completas: los ratios de apalancamiento, los ratios de liquidez, el ratio de capacidad de reembolso, el ratio de eficiencia y, por último, los ratios de rentabilidad. Luego nos centraríamos en utilizar estas proporciones en la última parte del libro.

Ratio de liquidez

El ratio de liquidez es esa medida de la capacidad de la empresa para poder alcanzar sus obligaciones financieras. El enfoque de esta relación se centra en esa solvencia de corto plazo actuando como si la empresa u organización liquida en ese momento en este valor contable. La porción de liquidez más común que da esa indicación de la capacidad de la empresa para pagar esas reclamaciones a corto plazo con los activos de corto plazo se conoce como la relación actual (CR)

La relación de corriente se calcula como

$$CR = \frac{CA}{CL}$$

CR es la relación actual, CA - Activos corrientes mientras que los pasivos corrientes de CL. Siempre tenemos que el CR sea mayor que 1 en principio porque indica que la CA que sería liquidada en ese año en curso es suficiente para cubrir el CL que está programado para este año. Esto implica que si el CR < 1, entonces la CA no podría reparar que las obligaciones de maduración medidas por el CL. Puede suceder que el CR de una empresa sea menor que 1. Esto no sugiere que la compañía sea capaz de cumplir con su requisito o compromiso de maduración. Puede ser que la empresa tenga ese acceso a ganancias especiales de operaciones o activos a largo plazo que ayudarían a cumplir con los requisitos de maduración si se liquidaban.

Por otro lado, el CR de una empresa puede llegar a ser demasiado alto. Sin embargo, el CR siempre tiene esa baja tasa de rendimiento, así como grandes participaciones del nivel actual de activos. Esto puede no resultar rentable para la firma. Sería más eficaz si transformamos algunos de los activos de la CA a activos a largo plazo que traerían mayores rendimientos anticipados.

No mencioné la relación rápida en la introducción, pero sería fundamental para nosotros hablar de ello. La relación rápida se conoce a veces como la relación ácido-prueba.

La relación rápida se define como:

$$QR = \frac{CA - INV}{CL}$$

QR-Relación rápida

INV-Nivel de inventario

Hay tantas similitudes entre el QR y el CR, excepto el hecho de que los inventarios se restan de CA. Hacemos esto porque los inventarios la mayoría de las veces son el líquido más pequeño de los activos actuales, y su valor de liquidación no es seguro la mayor parte del tiempo. Si una empresa liquida hoy, el valor acumulado en el inventario sería tan escaso. Por lo tanto, el QR daría esa medida estricta de la liquidez de la empresa más que la forma en que el CR lo presentaría.

A continuación están los ratios de apalancamiento. Esto mide también la cantidad relativa de los fondos suministrados o procedentes por ese patrimonio y los tenedores de deuda. A diferencia del ratio de liquidez, el enfoque en la solvencia a largo plazo de la empresa. Por lo tanto, cuanto mayor sea el nivel de financiamiento de la deuda relacionada con la financiación de capital, más apalancamiento es la empresa y mayor es el riesgo que el propietario enfrentaría. ¿Riesgo? ¿Por qué vamos a enfrentar un mayor riesgo? Todo parece estar bien... bueno, cuanto mayor sea el apalancamiento, mayores serán los rendimientos previstos.

El coeficiente de capacidad de reembolso se examina mediante esa deuda de una empresa en forma de flujos, que es la relación de cuenta de resultados. La idea aquí es evaluar esa medida en que los ingresos de una empresa pueden satisfacer la compulsión fija de la empresa. Esta medida ganada con plazos determinados muestra el grado en que los ingresos de una empresa pueden satisfacer el requisito de pago fijo de la empresa. La relación de tiempo interesado en el tiempo ganado se muestra matemáticamente como:

$$TIE - \frac{EBIT}{INT}$$

Pagos de intereses INT durante el período dado.

Una muy buena manera de pensar en esto es que la relación de interés del Times ganado cuantificaría el grado del número de veces que una empresa puede acumular pagos de intereses haciendo uso de los beneficios operativos de la empresa. Este tipo de relación también apoya el hecho de que TIE debe ser > 1; de lo contrario, la empresa no podría realizar esos pagos de intereses mientras hacía uso de los ingresos corrientes. No debemos olvidar que los impuestos no afectan a la relación TIE debido al hecho de que los intereses a veces se pagan con dólares antes de impuestos.

Para los próximos ratios que se explicarían aquí, me gustaría hacer uso de los datos obtenidos de los estados financieros de Microsoft de 2002. Yo también lo usaría para ilustrar los cálculos de la relación.

Datos financieros seleccionados de Microsoft 2002

Activos corrientes . . . . $ 48,576*

Total de activos 67,646

Pasivos corrientes 12,744

Total de pasivos 15,466

El capital social de los accionistas 52,180

Ventas. 28.365

Ingresos netos 7.829

Valor de mercado de las acciones 293.137

*Todos los números están en millones de dólares.

La primera relación que debe tenerse en cuenta con los datos anteriores es la relación de **deuda.** Si compara el número de pasivos con el de los activos, sabrá en qué medida una empresa ha pedido dinero prestado para liquidar la inversión del accionista y también para aumentar el tamaño de la empresa. Ese medio de apalancamiento que se utiliza regularmente es el ratio de deuda. Se calcula como pasivos totales divididos por los activos totales. Si desea interpretar intuitivamente una relación de deuda, la tratará como un valor que representa la cantidad de esos fondos prestados que se utilizan para reunir los activos de la empresa.

Por lo tanto, la relación de deuda para Microsoft haciendo uso de los datos anteriores:

Ratio de Deuda: <u>Pasivos Totales</u> de <u>$15,466</u> - 22.9%

                 Total Assets $67,646

Esto significa que Microsoft pidió prestado el 22,9% del dinero necesario para comprar esos activos. No podemos saber si es una buena relación o no. Si desea hacer un análisis desde el punto de vista de un accionista o un banquero, tendría opiniones diferentes. En primer lugar, si usted es un banquero y usted quiere probablemente prestar a Microsoft una cantidad que le gustaría que tengan una relación de deuda baja porque la cantidad más pequeña demuestra que seguramente se le pagaría durante el momento adecuado. Pero si usted es un accionista de Microsoft, desearía una mayor relación de deuda porque desearía que la compañía combinara fondos prestados en su inversión para que la cantidad de insumos se expandiera. Por lo tanto, para Microsoft, tenemos ese terreno promedio porque el coeficiente de endeudamiento no es demasiado alto para los acreedores y definitivamente no demasiado bajo para los inversores también. En todas las industrias, la regla general estipula que las deudas no deben estar por encima del 50%, pero esto es sólo un estándar que es ampliamente utilizado. APPLE COMPUTER tenía un ratio de deuda del 35% en comparación con Microsoft en 2002.

El **retorno de las ventas** es una relación que se calcula mediante la fórmula; Ingresos netos divididos por ventas. Haciendo uso de los datos anteriores tendríamos:

Retorno de las Ventas: Ingresos Netos de $7,829 - 27.6%
Sales $28,365

Al igual que cualquier otra proporción mencionada en este libro, el valor de retorno de ventas para Microsoft debe calcularse con respecto a la industria adecuada. Haciendo uso del ejemplo anterior, se dará cuenta de que Microsoft era 29% en 2001. Mientras que en el otro extremo del espectro, el retorno de las ventas en la industria de los supermercados es de entre el 1% y el 2%. No es posible comparar estos valores con los de Microsoft. Una mejor comparación sería Apple Computers, lo cual fue sorprendente, 1,1% en 2002. Por lo tanto, es obvio que el retorno de las ventas de Microsoft estaba por encima de la industria por encima de eso cada año.

Sigue haciendo uso de los datos anteriores. Recuerde que los activos totales de Microsoft fueron de 67.646 millones de dólares. ¿Cómo podemos comprobar si esos activos se estaban utilizando de manera eficiente? Usted haría uso de un coeficiente financiero que le daría la medición completa de la utilidad de la empresa, que se conoce como rotación de **activos;** se puede calcular como:

Volumen de   negocios de activos: . $\underline{\text{Ventas:}}$ de $\underline{\$28,365}$ - 0.42

$$\text{Total Assets} \quad \$67,646$$

Para Microsoft, la relación de volumen de negocios es 0.42. Lo que esto muestra es que por cada dólar que Microsoft gasta, la compañía generaría $0.42 a través de ventas. Una alta relación de rotación de activos describe lo eficiente que es una empresa al hacer uso de sus activos para realizar ventas. Apple Computer tuvo un volumen de negocios de 0,91 en 2002. Esto demuestra que, en ese momento, Microsoft no era tan eficiente como sus competidores.

La mayoría de las veces, los inversores quieren saber cuántos centavos de ganancia se pueden obtener de un dólar de ventas. Esto significa que quieren saber cuánto pueden ganar si invierten solo $1. Eso puede parecer ridículo, pero son negocios. Podemos calcular esto haciendo uso de la rentabilidad sobre el capital. Haciendo uso de los datos anteriores, el capital de Microsoft se calcula de la siguiente manera:

Rentabilidad sobre el patrimonio neto:. <u>Ingresos Netos</u> $7,829 - 15,0%
Stockholder's Equity $52,180

Esto significa que Microsoft ganaría 15 centavos de beneficio por cada dólar invertido en 2002.

Digamos que una empresa gana $100 en un año, si quieres comprar esa empresa, ¿cuánto puedes pagar por ella? Bueno, esto se basaría en el hecho de que probablemente estás esperando que la compañía te traiga más dinero en el futuro, así que estarás dispuesto a pagar un precio más alto por ello. Y además, a uno le gustaría estar en un lado más seguro pagando por una empresa cuyas ganancias son estables que una empresa que experimenta un swing salvaje en la ganancia. La relación precio-ganancias o P.E mide el valor de una empresa a través de la relación entre el valor de mercado y el de los beneficios actuales de la empresa. Podemos calcular la relación P.E simplemente dividiendo el valor de mercado de las acciones por los ingresos netos de la empresa o la empresa. Utilizando la información sobre Microsoft a finales de 2002, tenían una relación P.E de:

Relación P.E: <u>Valor de mercado de las acciones $293,173</u> - 37.4
           Net Income $7,829

En los EE.UU. las relaciones P.E están siempre entre los rangos de 5 y 30. Esto significa que esa alta relación P.E está vinculada a una empresa que tiene un crecimiento fuerte predecible en el futuro. Sin embargo, es especulación, y las cosas pueden salir mal en el camino. Tomemos, por ejemplo, YAHOO. En 2003 tuvo una relación de PE del 112,9%. Tenía los ratios de P.E más altos del mundo, pero no se fundó en la lista de empresas con altos ingresos netos. Esto se debe a que YAHOO fue valorado tan alto debido al hecho de que se especuló con seguir creciendo tan rápidamente en el futuro. Pero, ¿creció? Te dejaría averiguarlo.

A continuación se muestra un resumen rápido de los ratios financieros de los que he podido hablar en este capítulo. Más estaría nado en tu camino, ya que me encantaría darte ese amplio conocimiento.

El ratio de deuda	$\dfrac{\text{Pasivos totales}}{\text{Activos totales}}$	Esto muestra el porcentaje de fondos necesarios para comprar activos que se condieron a través de préstamos.
Relación de corriente	$\dfrac{\text{Activos corrientes}}{\text{Pasivos corrientes}}$	Se trata de una medida de liquidez y cuantifica el número de veces que los activos actuales podrían contener los pasivos corrientes.
Retorno de las ventas	$\dfrac{\text{Ingresos netos}}{\text{Ventas}}$	Esto muestra el número de centavos que un dólar gana durante el año de ventas
Volumen de negocios de activos	$\dfrac{\text{Ventas}}{\text{Activos totales}}$	Esto muestra el número de dólares de ventas en el transcurso del año producido por cada dólar de los activos.
Rentabilidad sobre el capital (ROE)	$\dfrac{\text{Ingresos netos}}{\text{Patrimonio de los accionistas}}$	Esto significa el número de centavos ganados durante el transcurso del año por cada dólar de inversión.
Relación precio-beneficio (PE)	$\dfrac{\text{Valor de mercado de las acciones}}{\text{Ingresos netos}}$	Esto le mostraría que el número de inversionistas está dispuesto a pagar por cada dólar de ganancias. Muestra la capacidad de crecimiento de la empresa.

Capítulo 10

Valoración del Negocio

En Este libro, hemos sido capaces de subrayar el hecho de que los gerentes están principalmente involucrados en la toma de decisiones sobre operaciones, inversiones, financiamiento, y la creación de ese valor económico para los accionistas de la firma. En este capítulo, me gustaría poner el valor del accionista por debajo del radar de estudio. Veríamos conceptos clave relacionados con su valor y cómo interactúan con el desempeño empresarial prometedor.

Hablaríamos sobre el significado del valor a través de la lente de diferentes situaciones o acontecimientos donde se necesita valoración. No sólo vamos a definir el valor en función de varios términos precisos, sino que también vamos a utilizar enfoques analíticos familiares para hacer esta definición. Además, veríamos los diversos conceptos y una visión general de la gestión basada en el valor. ¿Por qué necesitamos esto? Puede que te estés preguntando. Bueno, la primera respuesta sería una pregunta: *¿qué tipo de análisis de negocios no sabe cómo valorar un negocio?* Lo cierto es que la valoración empresarial es un componente clave en el análisis financiero. El requisito previo para la toma de decisiones inteligente tiene que ver con conocer el valor de un activo. Si desea seleccionar una cartera de inversiones, estaría pensando en hacer esa valoración de negocio.

Valorar un negocio es una función muy importante necesaria antes de que una empresa pueda ser adquirida porque el comprador estaría dispuesto a saber si la cantidad, está pagando por la empresa realmente vale la pena. Además, cuando se combinan empresas, creamos esa sinergia de valor. Cuanto mayor sea la sinergia de valor, mayor será el precio que el comprador estaría dispuesto a pagar. Además, la valoración se utiliza para la selección de acciones, la evaluación de los eventos corporativos y la conclusión de la expectativa del mercado, la creación de una opción u varias otras opciones, el acceso a las estrategias de negocio y también se utiliza como comunicación entre la dirección, accionistas y analistas de negocios. Cuando está involucrado en cualquier valoración de negocio, valora que los activos deben ser iguales al valor actual de los flujos de efectivo, reducidos por esa tasa que muestra su riesgo inherente.

Este arte de crear valor o el acto de valoración no es cualquier disciplina para analistas, inversores o contables como cualquier otro proceso de análisis financiero; se puede utilizar poderosamente para aumentar los beneficios e incluso permitir a los gerentes aumentar la producción en este mundo competitivo. Al combinar las medidas de contabilidad y rendimiento con esa estrategia necesaria para las operaciones diarias, podrá tomar decisiones que mejorarían el negocio y agregarían también a ese valor real. Los inversores prestan ahora atención a los factores no financieros que afectan a la empresa en su intento de evaluar el valor de los activos y el valor total de las corporaciones. La empresa ha empleado varias estrategias para generar valor. Una de las mejores ideas de creación de valor es el sistema de Wal-Mart, que ofrece a los proveedores que tienen acceso directo a todo el inventario de Walmart. ¿Cómo ayuda esto? En primer lugar, cuando un cliente decide comprar un artículo en Wal-Mart, la información del código de barras se movería inmediatamente al Procter & Gamble (un cuerpo que controla, mantiene y regula el inventario). Una mejora como esta es una gran ganancia en la eficiencia de las operaciones de Wal-Mart y definitivamente les da la ventaja sobre otros competidores.

Tipos de valores

Es necesario que entendamos el tipo o los tipos de valor que tenemos en el mundo de los negocios. Además, nos gustaría exponer estos conceptos e información útil para que podamos tener ese pleno conocimiento de la tarea económica de la creación de valor en ese mundo empresarial.

Valor económico

Este concepto ha sido mencionado varias veces en este libro se conoce como la creación de valor para accionistas que se asocia con la capacidad básica de los activos o que reclaman dar un flujo de flujos de efectivo después de impuestos a la entidad. Flujos de efectivo como este se pueden crear a través de ganancias o incluso pagos contractuales e incluso liquidación parcial o completa en algún momento en el futuro. El valor real de cualquier activo se estipula como la cantidad de dinero en efectivo que un comprador está dispuesto a renunciar a él en ese momento, es decir, su valor actual. El valor económico es la próxima idea de compensación de flujo de efectivo esencial. Podemos determinar el valor económico prediciendo y analizando cualquier posible flujo de efectivo futuro más los ingresos del descarte final del activo en sí. Si no lo hemos olvidado, el costo pasado, así como los gastos que existen como resultado de las decisiones anteriores tomadas por la dirección o cualquier individuo a cargo del negocio son costo hundido y permanecerían inmateriales desde el punto de vista económico

El valor económico alberga algunos otros conceptos populares de valores debido al hecho de que se basa en la lógica de compensación, que es completamente natural para los procedimientos de inversión. Podemos calcular el valor económico, pero esto no va a estar sin algunas dificultades porque no se pueden predecir los flujos de efectivo. Son muy difíciles de predecir debido al hecho de que usted debe ser capaz de aplicar suposiciones sobre cualquier efectivo recuperado de la liquidación o cualquier valor en curso restante en ese punto de análisis.

Tampoco debemos olvidar la evaluación de riesgos de la que hablamos anteriormente, lo que ayuda a establecer el patrón de flujo de efectivo y establecer ese estándar de retorno ideal también. El valor económico de cualquier organización o empresa está fuertemente relacionado con ese riesgo individual, así como las preferencias debido al hecho de que diferentes personas tienen diferentes perspectivas y juicios para que lleguen a diferentes valores y resultados debido a diferentes puntos de vista sobre el riesgo. Sin embargo, si estos aspectos se dan a conocer en ese contexto dado, el principio de valor económico seguiría siendo fundamental en cualquier decisión, financiación y operación de inversión empresarial.

Valor de mercado

Esto también se conoce como el valor justo de mercado. El valor de mercado es ese valor de cualquier activo o cualquier colección de activos cuando se negocia en un mercado muy organizado o negociado entre varias partes privadas en una transacción bien definida sin ninguna restricción o compulsión. Los diferentes intercambios de seguridad y materias primas son muy buenos ejemplos de esos mercados organizados, y tenemos miles de estos mercados regionales y locales que ayudarían a los intercambiadores o compradores y vendedores a descubrir ese valor aceptable conjunto para todo tipo de activos (tangibles o intangibles). El valor de mercado de cualquier activo se determina mediante transacciones entre compradores si no existe un mercado organizado.

No hay nada realmente absoluto en el valor de mercado; sólo muestra que el acuerdo monetario entre dos o más individuos o partes. Esto significa que las partes involucradas organizan su evaluación individual de los activos y el valor económico debido a su juicio o investigación personal (según sea el caso). Incluso los caprichos del individuo involucrado en ese clima psicológico prevalecerían sobre la bolsa organizada debido a ese valor de mercado. Además, pueden verse afectados por varios factores que incluyen; el calor de una batalla de adquisición, el cambio en las condiciones económicas y políticas de un condado, la evolución significativa de la industria, etc. además de que el volumen de comercio de los activos o incluso la seguridad se vería afectado por el valor que colocan los compradores o vendedores.

Incluso con la posible incoherencia del valor de mercado, sigue considerándolo como ese criterio razonable utilizado para estimar ese valor actual de los activos individuales del balance, así como de los pasivos. En comparación con su valor registrado, puede utilizarlo con frecuencia en la valoración de inventario e incluso en el análisis de la inversión de capital, también especialmente cuando los valores de recuperación futuros también tendrían que estimarse. A esa escala, las fusiones, así como otras compras, se vuelven de interés en función de los valores de mercado negociados por las personas involucradas. Al igual que el caso con el valor económico. Sin embargo, hay problemas prácticos que están asociados con la configuración de ese valor de mercado, ya que sólo se puede encontrar un verdadero valor de mercado al participar en una transacción. Esto significa que a menos que el artículo esté a la venta cualquier valor o cantidad que se le dé es sólo una estimación que seguramente cambiaría si las condiciones cambian y las vistas de los compradores se alteran.

Valor contable

El valor contable de cualquier activo fijo es el valor que se refleja en el balance. Se ha registrado y modificado para ser generalmente aceptado como un principio contable normal. Los valores contables se gestionan de forma coherente para fines contables. Es muy raro que tenga tanta relación con ese valor actual o verdadero. Sin embargo, los activos están sujetos a cambios con el tiempo. El valor contable cotizado consistentemente de esa participación común significaría la reclamación proporcional del accionista sobre ese valor neto compuesto de todas las operaciones comerciales anteriores en activos, pasivos e incluso durante la operación. Los cambios contables presentes y pasados afectan al valor contable de un activo fijo. Dicho esto, debemos saber que el valor contable sólo se utiliza para el análisis económico, y siempre es cuestionable bajo cualquiera o cada circunstancia.

Valor de liquidación

Cuando una empresa o empresa necesita liquidar parte o incluso todos sus activos o reclamaciones, se le prorratearía un valor en ese momento. Ese es el valor de liquidación. Esto existe en esa ocurrencia anormal de cuando la presión y la coacción afectarían al valor evaluador, que sería hecho por los compradores y los vendedores. Debemos señalar que bajo esa nube de inminente fracaso comercial o incluso fuerte presión de los acreedores, la dirección se enfrentaría a los valores de liquidación como totalmente menores o menores que lo que debería haber sido porque la negociación se vería afectada por los conocidos Desventajas. Debido a esto, el valor de liquidación se utiliza solo para algunos propósitos limitados. Sin embargo, a veces se puede utilizar para valorar los activos de la organización o las empresas no probadas como la base real para el análisis en lugar de estimar los patrones de flujo de efectivo altamente impredecibles cuando hay necesidad de probar la solvencia de ese negocio.

Valor de ruptura

Este es un tipo de valor de liquidación. Tiene que ver con el valor que se da o se reparte a esa toma de control corporativa, así como las actividades de reestructuración. Este valor de ruptura siempre se basa en la suposición de que los valores económicos y los segmentos individuales de un multinegocio combinado son más que el valor de la empresa como entidad corporativa debido a las deficiencias de la gestión pasada o incluso la actual oportunidades que no se observaron anteriormente. La empresa se dividiría en piezas vendibles para que otros compradores realicen la compra, y es cuando se produce la valoración. ¿Cuánto valdrían las piezas individuales? Además de eso, cualquier activo redundante como bienes raíces, etc. se vendería para obtener sus valores actuales.

Para que el valor de ruptura salga de la empresa debe permanecer activa o en ejecución. Porque las operaciones en curso también agregan valor a los segmentos de ruptura. Cualquier activo redundante que no sea necesario para el funcionamiento continuo o el funcionamiento del negocio también debe agotarse o liquidarse. Proyectar el valor de ruptura debe ser una parte fundamental de un análisis empresarial que viene antes de hacerse cargo de cualquier oferta o antes de que se alcance un acuerdo.

Valor de reproducción

El importe necesario para sustituir esos activos fijos existentes en especie es lo que se conoce como valor de reproducción. Puede considerar esto como una especie de costo sustituto similar de un activo, instalación o cualquier máquina. Una de las pocas formas de juzgar el valor de los activos de un negocio actualmente activo es haciendo valor de reproducción. Para determinar el valor de reproducción de los activos especificados, necesita mucho conocimiento basado en juicios de ingeniería, así como otras especulaciones científicas.

Sin embargo, hay problemas prácticos involucrados en este proceso. Lo más importante sería si ese activo fijo bajo el espectro podría producir lo que se especula que produce de los fabricantes de esa máquina o usuarios. Los activos físicos siempre están sujetos a algún patrón rígido de desviación tecnológica dentro del tiempo especificado más el desgaste físico que no se puede controlar. Con el único propósito del análisis, el valor de reproducción podría convertirse en una sola frontera necesaria para analizar el valor de mercado de los activos de la actividad continua.

Valor de la garantía

Ese valor de los activos que se utilizan como garantía para un préstamo o cualquier otro tipo de crédito es lo que se considera como el valor de la garantía. Vemos que es que la cantidad máxima general de crédito se extendería a través de esa promesa del activo. La mayoría de las veces, los acreedores fijarían el valor de la garantía por debajo del valor de mercado de esos activos debido a su propia garantía, que tienen que tener en cuenta aquí. También lo hacen porque proporcionaría ese cojín perfecto que necesitan para la seguridad en caso de cualquier incumplimiento y para hacer que el riesgo sea calculado. Si no hay valor de mercado, el valor de la garantía es siempre la mejor y lista para emitir juicios. El acreedor no estaría expuesto a esa posición debido al hecho de que permitiría ese margen de seguridad, y esto siempre se define por el valor de la garantía.

Valor tasado

Un concepto de valor como este siempre se define o determina y utiliza cuando el activo implicado no tiene un valor de mercado claramente definido. Se hacen esfuerzos para encontrar pruebas de transacciones que son razonablemente comparables a los activos que se conocerían. Esto se utiliza en transacciones de tamaño limitado, especialmente cuando hay casos de bienes raíces comerciales. El valor tasado siempre es determinado por un tercer individuo acordado por ambas partes porque se necesita un juicio que no esté enturbiado por el sesgo. Sin embargo, su juicio puede verse empañado si no tiene suficiente conocimiento sobre el tipo de activo involucrado. La experiencia del tasador determinaría la calidad de la estimación. La capacidad individual y las preferencias que se necesitan para obtener ese valor completo de la ecuación son necesarias o incluso preferidas. Es sólo en raras ocasiones que diferentes evaluaciones producirían los mismos resultados. Los rangos de valores se utilizan para dar ese valor tasado la mayor parte del tiempo.

Valor del accionista

El valor para los accionistas se basa en las inversiones existentes y nuevas que seguirían superando ese coste de capital para la empresa. Significa que el aumento total del valor económico de la empresa durante un período de tiempo especificado. Un valor como este se reflejaría en esa forma de rendimiento total periódico creciente para los accionistas, evaluado por la combinación de dividendos, beneficios de capital o pérdidas logradas que pueden ser contrastados con los rendimientos globales del mercado o los rendimientos obtenidos de la industrias o empresas pares seleccionadas. El valor para los accionistas es que la máxima expresión de esos éxitos corporativos tiene una relación tan estrecha con la compensación del flujo de efectivo y las expectativas de retorno, que son los fundamentos del valor económico.

Es muy importante para nosotros en este momento entender esa base de valoraciones de negocio. En primer lugar, no debemos olvidar que hay una suposición de que un inversor no pagaría más por un activo que el valor que se le devengestaría. Esta declaración es lógica y obvia, ¿no? Pero en algún momento, en el tiempo, por lo general se olvida y se redescubre más tarde en cada generación venideras y en todos los mercados disponibles. Hay partidos o personas con esa línea de pensamiento que argumentan que el valor es subjetivo, es decir, sólo se deriva de los ojos del espectador. Sin embargo, no puede justificar ningún precio porque una parte está dispuesta a pagarlo. Eso es totalmente absurdo. Si el activo es una pintura o cualquier obra de arte, la percepción sería lo que importa, pero en los negocios, no compramos activos con fines estéticos o emocionales, compramos activos para el flujo de caja esperado o especulado que recibiríamos de ellos. Esto significa que las percepciones de valor tienen que ser apoyadas por la realidad. Lo que esto sugeriría es que el precio que pagamos por un activo debería mostrar su flujo de efectivo esperado. Los modelos de valoración intentan relacionar el valor con ese nivel de inseguridad y expectativa de crecimiento en estos flujos de efectivo.

Hay varias partes de la valoración en las que tendríamos una opinión diferente, así como estimaciones sobre lo que debería considerarse como el verdadero valor y cuánto tiempo tomaría para que los precios se regularan a ese valor muy verdadero. Pero podemos llegar a un punto en el que no habría ningún desacuerdo que esté llegando a la parte en la que tendríamos que decir que no podemos justificar los precios utilizando sólo el argumento de que otros inversores alrededor pagarían un alto precio en el futuro.

Ahora, usted puede estar preguntándose a sí mismo; *aparte del análisis financiero, ¿realmente necesitamos una valoración?* ¿Cuáles son los propósitos de una valoración empresarial? Permítanme hacer una analogía muy simple aquí. Software 'Speedy', una ltd privada. La compañía ofrece comprar una participación importante en el software 'Lingering', que es, por otro lado, una sociedad anónima, pero está estrechamente unida. 'Speedy' es consciente del hecho de que a la industria le encantaría ampliar su cartera de negocios y espera que pueda implementar las competencias básicas para mejorar el rendimiento del "lingering" cuando se adquiere.

Es lógico pensar que el único objetivo de una valoración es establecer el valor en efectivo de un activo o una participación mayoritaria de las acciones de «Lingering» en este caso. Este valor sería llegado a los propietarios de 'Lingering' al comienzo de una negociación que seguramente llevaría a la venta de la mayoría de la participación en 'Lingering' a 'Quick ltd.' A través de ese acuerdo privado como el ejemplo de Speedy and Lingering Software , que ambos diferentes propósitos existentes para la valoración. Dicho esto, podemos establecer cuatro categorías que muestran el propósito de la valoración empresarial, especialmente para los servicios emitidos por la AICPA, EE.UU.

A continuación se muestra una tabla que muestra esos propósitos y muy buenos ejemplos.

Propósito de la valoración	Ejemplos
Valoración de transacciones	Valoraciones por motivos de compra de negocio, ventas de negocio, gestión por objetivo, recapitalizaciones, Salida a Bolsa, ESOPs, compra de acciones, proyectos y planificación de otras, apalancamiento de compra, fusiones y adquisiciones, etc. son muy buenos ejemplos aquí.
Valoración del caso judicial	Nadie querría hacer esto, pero este tipo de valoración se enmarca en diferentes ejemplos que incluyen; bancarrota, disputas de propiedad, casos de divorcio, conflictos de derechos de autor o propiedad intelectual, desacuerdos contractuales/disputas y otras cuestiones disidentes de los accionistas.
Valoración de los cumplimientos	Esto se hace para la contabilidad justa, así como para las cuestiones fiscales.
Valoración para el sake de planificación	La planificación financiera personal, la planificación patrimonial, la planificación estratégica, la planificación de fusiones y adquisiciones, etc. son buenos ejemplos aquí.

Así como tenemos varios propósitos para la valoración del negocio, tenemos diferentes enfoques. Como analista, haría uso de un espectro más amplio de modelos que incluirían procedimientos simples a los sofisticados. Los modelos a menudo podrían causar tantas suposiciones sobre lo esencial que afectarían al valor, pero todos ellos no comparten características similares y se pueden clasificar en términos más grandes. Tenemos varias ventajas para este tipo de clasificación, y nos facilitaría entender dónde encajarían esos modelos individuales en ese panorama general por qué se proporcionan los resultados y cuándo se enfrentan a errores lógicos básicos.

En opinión general, tenemos tres enfoques principales de valoración; valoración del flujo de efectivo descontada, valoración relativa y valoración de reclamaciones contingentes. La valoración del flujo de efectivo descontado tiene que ver con el valor de ese activo que presentaría ese valor para el flujo de efectivo futuro esperado de ese activo, mientras que la valoración relativa es que la especulación o estimación de un activo   activos comparables que son relativos a ese cambio común como flujos de efectivo, valor contable, ganancias, etc. La última valoración de reclamación contingente hace uso de los modelos de precios, que medirían el valor de los activos que dividirían las características de las opciones mientras que todavía pueden producir una cotización de valor separada. El objetivo de hablar de estos modelos de valoración es poder aclarar la diferencia existente entre ellos, lo que permitiría elegir esa fórmula adecuada para la tarea.

El sesgo de valoración es otro factor que debemos tener en cuenta a la hora de hacer valoraciones. Empezaríamos a valorar una empresa basada en ciertas nociones o condiciones y suposiciones preconcebidas que tenemos sobre la empresa. La mayoría de las veces, nuestros puntos de vista siempre están nublados incluso antes de empezar a imputar los números en los modelos financieros o econométricos que estamos utilizando, y esos modelos no nos sorprenderían porque nos mostrarían lo que queremos ver. Empezaríamos primero considerando las fuentes de sesgo durante la valoración. Luego avanzaríamos a la evaluación del sesgo y cómo se muestran durante el análisis. Concluiríamos nuestro debate sobre los prejuicios con opiniones o procedimientos sobre cómo minimizar estos sesgos o cómo tratarlos.

Fuentes de sesgo de valoración

El sesgo comenzaría con las empresas que elegimos o decidimos valorar. Sí, no puedes valorar todas las empresas, pero las que eliges son producto de tu propio juicio personal en la nube. Nunca elegimos empresas al azar y ese proceso de selección puede ser esa base para el sesgo. Lo que sucede la mayor parte del tiempo es que debemos haber leído algo antes de ese momento, ya sea bueno o malo sobre esa compañía o podríamos haber oído de un *experto* que una empresa está infravalorada o incluso sobrevaluada, ¡bum! Ahí va nuestra primera impresión de esa compañía. Empezaríamos a construir varias percepciones sobre la empresa, todo basado en lo que hemos escuchado o leído. Luego añadiríamos a ese sesgo cuando comenzamos a recopilar la información de la empresa en un intento de valorarla. La mayoría de las veces, nos gustaría que esa información confirmara nuestra *sospecha*. El informe anual y todos los demás estados financieros no contienen números contables por sí solos, pero la discusión de rendimiento realizada por la dirección, esto pondría el mejor giro posible en esos números. Con la velocidad a la que tenemos grandes empresas hoy en día, es muy fácil para nosotros obtener todas las evaluaciones que otros analistas hacen durante el curso de la supervisión de stocks.

Además, hay muchos factores institucionales que son totalmente responsables de este sesgo. Tomemos, por ejemplo; reconocieron el hecho de que los analistas de investigación de capital emitirían propuestas de compra en lugar de vender. Esto significa que encuentran que las empresas están infravaloradas la mayor parte del tiempo que encuentran que están sobrevaluadas. Podemos rastrear esto sucediendo a las dificultades a las que se enfrentan los analistas financieros sólo para obtener la entrada en la información financiera sobre las empresas que ya han infravalorado. Y también podemos culpar a la presión que enfrentan de los gerentes de cartera también. Porque algunos de ellos (administradores de cartera) tienen grandes posiciones en la acción.

Otro factor que es responsable del sesgo es la recompensa y el castigo por encontrar una empresa que estaría infravalorada o sobrevalorada. Si la compensación de un analista se basa en si encuentra una empresa infravalorada, jugará la carta subvaluada aunque no lo sea. Lo mismo funciona para que se sobrevalore. Esta debe ser la razón por la que las valoraciones de adquisición a menudo se describen como completamente sesgo.

Sesgo sobre empresas o empresas existentes en la valoración empresarial

Hemos podido mencionar tres formas en que nuestros puntos de vista sobre una empresa podrían afectar la forma en que evaluamos la empresa. Hablamos de los insumos que utilizamos durante la valoración, que la mayoría de las veces confirmaría nuestra *sospecha* y no nos daría el verdadero valor de la empresa. Porque cuando valoramos company(y/s), siempre hacemos esa suposición sólo para pasar a la *siguiente.* Suposiciones como esta pueden ser de naturaleza pesimista u optimista. Si una empresa tiene márgenes de explotación elevados, presumiríamos o presupondríamos que la competencia reduciría esos márgenes a la media de la industria en un corto período de tiempo (esta es una visión pesimista), o podemos suponer que la empresa sería capaz de mantener esos márgenes durante un período más largo (este es un punto de vista optimista). Ese camino que estaríamos eligiendo mostraría esas prioridades. No debemos sorprendernos de que cuando todo se diga y se haga el valor al que llegaríamos se basaría en nuestra visión optimista o pesimista.

Otra percepción que siempre afecta a la valoración empresarial durante el curso de la valoración empresarial es lo que el analista financiero llama *retoque post-valoración.* Aquí es donde el analista revisaría esas percepciones o especulaciones después de la valoración en un intento de obtener ese valor, que tiene una mayor proximidad con las que, han esperado ser el comienzo del precio. Por lo tanto, si un analista que valora una empresa por $150 por acción cuando el precio de mercado es de $250 puede decidir revisar las tasas de crecimiento al alza y el riesgo involucrado iría a la baja hasta que se logre un valor más alto. Eso es si piensa que la compañía fue infravalorada en primera instancia.

A veces, dejando el valor de una empresa tal como es al tiempo que se atribuye el cambio entre los valores que proyectamos y el que creemos que puede ser el proceso adecuado necesario para factores cualitativos como la sinergia y la reflexión estratégica. Este es un dispositivo muy popular durante la valoración de la adquisición donde el analista financiero sería llamado a dar razones para los factores injustificables. De hecho, el uso de descuentos y primas donde podemos aumentar o incluso reducir el valor proyectado proporciona esa vía para el sesgo durante el proceso de valoración. Para las primas, el control y la sinergia pueden convertirse en buenos ejemplos porque son lugares comunes para las valoraciones de adquisición, especialmente cuando el sesgo apunta hacia empujar los valores hacia arriba para excusar los altos precios de adquisición.

Después de decir todo esto, sería una investigación pobre/incompleta en nuestro camino si no hablamos del proceso de minimizar el sesgo de valoración ya que entendemos lo terribles que pueden ser sus efectos. Sin embargo, la verdad sea dicha, el sesgo no puede ser completamente regulado o incluso eliminado de la existencia. Analista financiero es humano, y esto significa que seguramente llevarían sus sesgos a la tabla de evaluación. Pero hay posibles maneras de mitigar sus influencias en la valoración:

1. Asegurarse de que se reduzcan las presiones institucionales:
   Somos conscientes de que esa parte o factores importantes
   atribuidos a las presiones institucionales siempre influirían
   en la valoración y crearían sesgo de una manera u otra. En la
   década de 1990, los analistas de investigación de renta
   variable influyeron en la valoración. Además de manejar
   todas las demás fuentes de sesgo, es necesario hacer frente a
   las demandas de los empleadores, lo que traería inversión a
   la empresa o empresa. Las instituciones que sólo trabajarían
   en la investigación honesta de capital de venta deben ser
   apoyadas e incluso proteger a su analista de investigación de
   capital de la emisión de sugerencias de venta en las
   empresas. Esto no debería ser sólo de compañías irrales,
   sino de los representantes de ventas de la compañía y el
   ejecutivo de cartera.

2. Las valoraciones deben desvincularse de la recompensa y el
   castigo: Cualquier valoración que se base en recompensas y
   castigos seguramente produciría sesgo. Esto significa que si
   queremos que una valoración de adquisición real sea real,
   verdadera e imparcial, tendríamos que separar ese acuerdo
   de transacción de la transacción en sí para hacerlo efectivo y
   eficiente.

3. No debería haber compromisos previos: los gerentes o los
   responsables de la toma de decisiones deben mantenerse
   claros al adoptar una postura pública fuerte sobre el valor de
   una empresa antes de que la valoración comience o se
   complete. Cualquier empresa adquirente que llegue a un

precio antes de la valoración de la empresa objetivo ha colocado a su analista en un rincón insostenible donde se les llamaría a defender ese precio. En tantos casos, esa decisión tomada por el analista o incluso por los responsables de la toma de decisiones de que una empresa está sobrevalorada o subvaluada afecta seriamente a la valoración y es esa raíz fuerte para el sesgo.

4. La mejor cura o remedio para el sesgo es la autoconciencia. Cuando un analista es consciente de los sesgos, está llevando al procedimiento de valoración puede tratar agresivamente de confrontar todos estos sesgos al tomar esas decisiones de insumos o incluso abrir el procedimiento a puntos más objetivos y ver sobre la de esa empresa Futuro.

5. Informes honestos: En algunas estadísticas, los analistas son necesarios para mostrar sus sesgos incluso antes de que presentaran los resultados de todos los análisis. Por lo tanto, un ambientalista tendría que demostrar que está seguro de que no hay ningún pinchazo en la capa de ozono antes de mostrar pruebas de primera mano a ese resultado. El individuo que revisa ese estudio puede entonces factorizar el sesgo mientras hace esas conclusiones. Las valoraciones serían muy útiles si el analista se expone a esos sesgos inherentes antes de que comience la valoración.

Hay varias incertidumbres en la valoración del negocio. No iría bien si no mencionamos esto. Cuando éramos pequeños, nos enseñaron que si hacemos las cosas de la manera correcta, obtendremos las respuestas correctas. Esto significa que la exactitud de la respuesta se utiliza como esa medida para la calidad del procedimiento y los resultados que produciría. Esto puede ser cierto si las matemáticas o la física están preocupados, pero es un mal criterio para estimar o medir las valoraciones. Incluso la mejor valoración estaría disponible a través de un margen sustancial de error de cálculo o inexactitud. El valor de una entidad, negocio o activo nunca puede ser estable. No puede ser una figura estática porque se basa en cambios en los propósitos, así como en las circunstancias. Además, tenemos un número diferente de incertidumbres que tiene que ver con la valoración y sus procedimientos, que si no se manejan de manera eficiente, daríalugar a ese valor absurdo o irreal. Podemos diseñar varios modelos financieros complejos que tengan diferentes aportaciones para manejar esas dudas involucradas en el procedimiento de valoración, pero esto no significa que el valor obtenido o al que llegue sea práctico, o el procedimiento esté bien. Lo que necesitamos saber o entender es que siempre hay un impacto o entrada de ese valor elegido. Si se presta la debida atención a los siguientes factores:

- La organización, negocio o entidad

- Los competidores

- La posición actual del negocio.

- La calidad y estabilidad de la gestión de la empresa

- Otra influencia macroeconómica

Esos principios y métodos de valoración se liquidan correctamente, y son completamente los mismos en todo el proceso o procedimientos de las transacciones. Sólo los métodos y enfoques de valoración cambian debido al curso de selección de valor. Es lógico pensar que al vendedor le encantaría obtener tanto como sea posible, y el comprador querría pagar lo menos que imaginable. Sin embargo, el acuerdo ocurre entre estos dos márgenes. Si asumimos que no hay comprador y que la intención de vender no existe, ¿podemos llegar a la conclusión de que el activo o el objeto en cuestión no vale nada? Definitivamente, no. Tenemos una *teoría tonta* que estipula que cualquier precio puede ser razonable si el comprador está dispuesto a pagar esa cantidad. Usted puede ser el que está en el lado de la compra, listo para pagar esa cantidad disponible para ello. Esa teoría nos hace entender que no se puede valorar ningún precio y viceversa. Esto sólo nos demuestra que tenemos que marcar esa diferencia entre valor y precio.

La valoración es un proceso o procedimiento que se basa en varios principios. Sin embargo, me gustaría centrarme en estas seis técnicas de valoración. Al igual que cualquier otro principio en finanzas, la valoración se basa en los fundamentos de estos principios. Proporcionan los fundamentos para otras técnicas híbridas o modernas. Los principios se enumeran a continuación:

- ✓ El principio de sustitución

- ✓ El principio de

- ✓ La técnica de usar el valor de tiempo del dinero

✓ El principio de la expectativa

✓ La técnica de riesgo y retorno

✓ Razonabilidad y conciliación de la técnica de valor

El principio de la sustitución

Si te das cuenta de que he estado tratando de huir del aspecto matemático de este libro, pero realmente podemos prescindir de él. Por lo tanto, el principio de sustitución en los negocios se puede explicar con esta analogía. Si tengo una 'B' de negocio puedo duplicarla a un precio 'X', entonces el negocio valdría la cantidad 'X'. Si otra empresa 'C' está disponible a ese precio menos que 'X', importe, entonces la empresa 'B' tiene un valor más alto de 'X' monto que 'C.' Lo que este principio estipula es que usted debe entender el precio de mercado al participar en el procedimiento de evaluación, sin embargo, no debe comparar dos empresas o entidades porque producen productos similares, o pertenecen a la misma industria. Evidentemente, esta comparación conduciría a esa débil valoración. Podemos deducir de esto que el inversor aversivo del riesgo no querría pagar más por una empresa si existe alguna alternativa deseable, ya sea construyendo algo nuevo o comprando un nuevo negocio.

El principio de las alternativas

Un gerente o cualquier responsable de la toma de decisiones no se limita a una sola transacción. Ambas partes involucradas en el intercambio tienen un reemplazo para cumplir con la transacción por un precio diferente. Pero sabemos que no hay un solo reemplazo que pueda ser ese sustituto perfecto para cualquier transacción, lo que significa que todas las transacciones no son iguales y tienen sus propias peculiaridades. Este principio deduce que una persona podría considerar pagar una prima si la inversión cumpliría con sus intereses o medios estratégicos.

Cada vez que usted está haciendo una compra de negocio, usted debe tener en cuenta que usted no debe comprar el negocio como de ninguna alternativa existe. Este principio funciona para todos los mercados, incluida la subasta del mercado de valores, porque algunos oferentes sólo pujan porque otros están pujando, y ese proceso sólo elevaría el precio. A esto lo llamamos *casi falta* en términos de negocios. Es donde te das cuenta de que el precio de un activo, acción o negocio es mucho mayor que su valor.

La técnica de usar el valor del tiempo del dinero

Este principio/técnica sigue siendo el área más elemental de las finanzas corporativas, así como la valoración. Afirma que el valor se puede medir determinando el valor actual de los flujos de efectivo futuros reducido según la tasa de descuento ideal. Lo más probable es que las provisiones de inversión le brinden diferentes flujos de efectivo, perfil de riesgo y perspectivas de crecimiento. Ninguna oportunidad de dos inversiones puede ofrecerle el mismo trato. Sin embargo, la técnica del valor de tiempo del dinero le ayudaría a distinguir esas oportunidades y le permitiría elegir la mejor opción para su interés o necesidades.

El principio de la expectativa

Los flujos de efectivo se basan en esas expectativas fundamentales sobre cómo resultarían en el futuro y no sobre cómo han tenido un desempeño en el pasado. Si la empresa es lo suficientemente madura, podemos decidir asumir un crecimiento constante desde ese mismo día o después de algún período especificado. Sin embargo, es muy difícil decidir el alcance y la dirección del crecimiento. De hecho, estas estipulaciones afectarían el proceso de valoración.

La técnica de riesgo y retorno

El padre de las finanzas modernas-Harry Markowitz fue el primer individuo en medir el riesgo que se utiliza en la misma cartera de toma de decisiones. Debido a la condición de retorno de riesgo, declaró maneras de detectar una cartera óptima.

Markowitz hizo dos especulaciones fundamentales; en primer lugar, un inversor es reacio al riesgo, y en segundo lugar, un inversor querría una cantidad más alta de dinero que una baja (eso es obvio, ¿no). Por qué esto es plausible es porque es que la mayor cantidad / riqueza conduce a prometiendo un mayor consumo. Si tiene dos carteras con el mismo perfil de riesgo, definitivamente iría con la que tendría un mayor rendimiento esperado. Estas dos expectativas son muy importantes durante el procedimiento de valoración.

Razonabilidad y Reconciliación de la Técnica de Valor

Durante el proceso de valoración, es necesario hacer frente a ese gran número de inseguridades, y también tenemos que elegir supuestos. Este principio establece hasta qué punto las suposiciones pueden considerarse lógicas o razonables y las combina con esos valores perfectos alcanzados bajo diferentes enfoques.

Durante la valoración debemos prestar la siguiente atención:

- Incoherencia en los supuestos y opiniones

- Debilidades debidas a conceptos

- Los errores se obtuvieron de modelos de proyección o fórmulas.

Una valoración sin ese procedimiento adecuado de verificación y conciliación no está completa y sería difícil de justificar. Es digno de mención el estado de la Resolución de Ingresos 5-60 de los EE.UU., que ofrece siete factores que deben ser puestos en marcha antes de comenzar la valoración del proceso.

1. La naturaleza del negocio, la historia desde su comienzo.

2. Las perspectivas económicas generales y la condición de esas perspectivas para la rama de producción especificada.

3. Ganancias y capacidad de pago de dividendos de la empresa.

4. Consideraciones si la empresa tiene algún activo intangible.

5. El valor registrado o el valor contable de la acción, así como la condición financiera de la empresa.

6. Ese precio de mercado de las acciones para otras corporaciones involucradas en el negocio similar que sus acciones vendan o compren activamente en ese mercado libre y abierto o en el contra-bolsa

7. También deben tenerse en cuenta las ventas del stock y el tamaño del stock en bloque que se valoraría.

El procedimiento de valoración

El procedimiento de valoración consta de cinco grandes pasos generales:

a. Primero, necesitas entender el negocio. **Entendimiento empresarial.** Esto requeriría que evaluara la industria, la posición competitiva de la empresa dentro de ese entorno particular donde funciona la empresa. También se debe considerar la ventaja tecnológica, las estrategias corporativas, etc.

b. Siguiente tiene que ver con **la previsión del rendimiento de la empresa.** Puede hacerlo haciendo esas previsiones económicas y poniendo la información financiera bajo su radar como analista. En este proceso, hay dos enfoques que puede usar; la previsión de arriba hacia abajo o la previsión de abajo hacia arriba. La previsión descendente haría uso de las previsiones macroeconómicas para construir esa previsión de la industria. Mientras que el de abajo hacia arriba crearía una previsión de empresa distinta agregada dentro de la industria de la previsión. Entonces lo compararía con el pronóstico macroeconómico. Durante el proceso de evaluación, el analista puede decidir reflexionar sobre las influencias cualitativas y cuantitativas. Ello implicaría un grave examen e interpretación de esos estados financieros y otros documentos contables.

c. **Selección del modelo de valoración ideal. Al seleccionar ese modelo de** valoración, un analista haría uso de diferentes perspectivas o percepciones. El método más común aquí es determinar el valor intrínseco que se engancha en la calidad de la información obtenida de los registros financieros e incluso suposiciones integrales. Debemos ser conscientes de que hay varios otros valores de medidas, pero sabemos que una empresa tiene ese valor especificado incluso si se disuelven hoy en día e incluso si su funcionamiento continúa. El analista entiende esto y trabajaría en esa información especificada. Una noción muy popular sobre la valoración o la búsqueda de valor es que cuando un analista hace una suposición que dice que la empresa conservaría las actividades comerciales durante mucho tiempo, especialmente a través de un futuro concebible, el valor de la empresa se vuelve alto.

Ese método de valoración absoluta es un modelo que detalla el valor intrínseco de los activos. El modelo establece un valor para una empresa en ese punto en el que se está comparando con el importe del mercado preexistente para fines de gestión o de toma de decisiones. Ese valor actual o el enfoque de flujo de efectivo con descuento es el tipo de modelo o enfoque más ampliamente aceptado. El modelo de valor actual o dividendos se conocen como modelos o principios de dividendos y siempre se basan en el concepto de flujo de caja libre. Esta ocurrencia es lo que conocemos como capital de flujo de efectivo libre o flujo de efectivo libre al principio de la empresa. Se conoce como valoración basada en activos si la empresa o empresa se valora de acuerdo con los recursos o activos que controla.

También es posible que desee seleccionar el modelo de valoración relativa. En este modelo, el activo se valora en función del valor de otro activo que se puede sustituir por él. Por lo general, representamos esto haciendo uso de varias opciones de precios. Estas opciones de precio se conocen como múltiplos de precio, y son precio a valor contable (P/BV), precio a ventas, Precio a ganancias (P/ E), etc. Este enfoque de la valoración relativa cuando se utiliza en la valoración del capital se conoce como modelos comparables.

Sin embargo, he podido resumir el núcleo de selección del modelo de valoración ideal basado en tres condiciones:

1. El modelo de valoración debe ser estable y fiable, teniendo las características de la empresa o empresa que se valoraría.

2. El principio de valoración debe ser ideal en función de la accesibilidad y superioridad de los datos e información disponibles que necesita el valorador o analista.

3. El principio de valoración debe ser constante con este propósito de valoración, que también debe incluir la perspectiva del analista.

   a. Después de seleccionar un método o modelo de valoración, el analista es necesario para **convertir esas previsiones en el valor ideal.** Dado que el analista desempeña un papel importante en la recopilación, análisis, organización, seguimiento e incluso comunicación de la información corporativa que se está utilizando durante el procedimiento de valoración, estarían disponibles para ayudar a los clientes a alcanzar su inversión incluso contribuir al correcto desempeño de esos mercados de capitales.

   b. El último proceso consiste en **comunicar la información recopilada.** Esto requeriría que preparara ese informe de investigación.

Los modelos de valoración

Dicho esto, es necesario elegir un modelo de valoración durante el procedimiento de valoración, sería injusto que no hablemos de los modelos de valoración. Creo que usted debe tener algún conocimiento sobre estos modelos porque hemos sido capaces de mencionar algunas cosas sobre ellos.

En primer lugar, el **enfoque basado en activos**. Esto tiene varios nombres como; modelo de acumulación de activos, la técnica del valor neto de los activos, el método del valor contable ajustado o la técnica de acumulación de activos. El objetivo de este modelo es sólo estudiar y reevaluar los activos y pasivos de la empresa que se obtienen del valor de la sustancia, que también se conoce como el capital. Podemos llegar al valor de la sustancia estimando los activos menos los pasivos. (Nisson et al. 2002 página 301). El conocimiento fundamental aquí o la idea que rige este enfoque es que podemos conocer el valor de una empresa con sólo mirar su balance. Sin embargo, no podemos hacer uso de esto porque el balance presenta valores contables y no el valor real. El problema con este enfoque es que los activos definitivamente se depreciarían cuando se utilizan de manera consistente durante ese período de tiempo especificado. Esto dificulta que se determine el valor de los activos reales. En un enfoque como este, podemos decidir conformarnos con ese valor justo de mercado del activo, que es el valor que un activo acumula en un mercado libre.

El siguiente es el modelo basado en los **ingresos.** Este modelo también se conoce como el Flujo de Efectivo Con Descuento (DCF) (coffer y Scoffer p.130) esto es aceptado por muchos analistas de negocios como modelo ideal porque implica la estimación del negocio, empresa o empresa mediante el elaboración del valor actual de los flujos de beneficio futuros que se espera o se estima que la empresa genere. Esto se puede expresar matemáticamente como PV -FV / $(1 + i)^{n}$

Dónde

Valor actual de PV

Valor futuro de FV

i-discountd rate muestra el riesgo del valor futuro estimado

n-o elevado a la^{na} potencia, donde n representa el número de períodos de composición

El modelo basado en el mercado viene a continuación. Esto es bastante simple; determinaría el valor de la empresa igualando una o más partes de la empresa sujetas a la de otra empresa que tenga ese valor de mercado establecido. Esto significa que usted está obteniendo el valor de una empresa haciendo uso de otra empresa como un criterio.

Varios factores afectan al proceso de valoración. Se dividen principalmente en dos; factores internos y externos; sin embargo, estas divisiones tienen subdivisiones.

Los factores internos que afectan a la valoración son los siguientes:

i. Buena voluntad

ii. La tasa de dividendo

iii. Tasa de dividendo declarada

iv. Mercado de esos productos

v. Relaciones laborales existentes entre los empleados

vi. La reputación de gestión

vii. Valores actuales de activos/pasivos y mercado

viii. La naturaleza de la planta o el tipo de máquina

Los factores externos que afectan a la valoración son factores que influyen en la valoración, que está fuera de nuestro control; incluyen:

i. Impuestos

ii. La política de importación y exportación en vigor.

iii. Gobierno estable en el poder

iv. Competencia

v. La relación existente entre la empresa y las agencias del Gobierno.

vi. La estabilidad de la economía también.

Conclusion

Estoy seguro de que has sido capaz de ganar mucho de este libro. Una cosa clave que debería tener es ese hambre de más, y estoy seguro de que he sido capaz de crear ese hambre, mostrándole así conocimientos prácticos sobre cómo hacer análisis de negocios.

No dude en ponerse en contacto conmigo si tiene preguntas. Gracias.

Una cosa más, si usted siente que este libro ha sido tan útil para usted, por favor tome unos segundos para dar una buena crítica en Amazon.